JN245927

就活生・新社会人のための

キャリアデザイン入門

～理論と実践～

赤堀 勝彦

保険毎日新聞社

はしがき

　日本の人口は、2015 年の国勢調査で 1920 年の調査開始以来、初めて減少に転じたが、人口減少社会においては、より多くの人々が意欲を持ち、能力を発揮できるよう努めていくことが社会全体の課題となる。

　若年者の雇用環境は、卒業時の景気や雇用情勢に大きく左右されると考えられるが、就学期間を終え、職業選択を行い、社会に積極的に参加できることは、一人ひとりの人生にとって重要である。就学から就業への移行期は、若年者が職業生活を展望し、自立した生活を始める上で大切な局面である。

　しかし、若年者の働く目的についてみると、公益財団法人 日本生産性本部の職業のあり方研究会と一般社団法人 日本経済青年協議会の新入社員「働くことの意識」調査報告書（2018 年）によれば、「人並み以上に働きたい」よりも「人並みで十分」と回答している者の割合が 6 割を超え、過去最高を更新している。会社に大きく貢献したいという意欲よりも、“ほどほど” に頑張るという志向が見受けられる。また、社長や役員、管理職を目指す昇進志向も希薄になっている。

　こうした若年者の「働くことの意識」等については、国民各層が関心を持ち、若年者に働くことの意義を実感させ、働く意欲と能力を高めるため、経済界、労働界、教育界、地域社会、政府等が密接に連携し、これからの社会を担う若年者に自立を促すための取り組みを強化していくことが重要である。

　一方、若年者においても、雇用形態の多様化・雇用の流動化・実力主義賃金制度の導入などにより、これからは自立型生活設計が必要となってきた。すなわち、会社や国に生活設計のすべてを任すことをせず、精神的・経済的自立をし、自分自身が主体性を持って自律的に計画し、実行するキャリアデザインが重要となってきたのである。

　さらに、自分のキャリアについて自身で目標を選択し、計画的に能力を高める自律的なキャリア形成が求められるが、自律的なキャリア形成に当たっては、職業能力が陳腐化することが一つの職場を除いては通用しないことから生

じるリスクに気付き、それに対処するため将来役立つ能力を開発し、高い専門性や幅広い社外の人的ネットワークを保有する強いキャリアを形成することが必要である。

　本書は、キャリア理論と実践の二部構成となっており、第1部の理論編では、キャリアデザインの概念、キャリア形成、インターンシップ、能力開発の推進、企業等で求められる人材、職業とキャリア、若年者のキャリア・リスク、キャリア開発などについて考察することとした。

　第2部の実践編では、私のキャリアデザイン（自分史、大学生活の目標設定、未来設計図）、エントリーシート、自己紹介、自己PR、グループディスカッション、私の長所チェック、言葉遣い（敬語）、マナーの基本などについて学習することとした。

　さらに、本書の特色は、「人生100年時代の若者へのメッセージ」や「ビジネスパーソンと自己啓発」などキャリアに役立つ情報としての“COLUMN”を随所に設けていることである。

　2019年5月1日、新天皇の即位に伴い、元号が「平成」から「令和」に改まった。

　新しい時代、本書がこれから職業に就く学生だけでなく、キャリアアップを図る社会人にも参考にしていただければ幸いである。

　最後に、本書の出版に際しては、株式会社 保険毎日新聞社出版部のスタッフの方たちに大変お世話になった。

　心から感謝申し上げる次第である。

2019年5月
神戸市にて

赤　堀　勝　彦

目　次

第1部　理　論　編

第2部　実　践　編

第1部
理 論 編

第 1 章
キャリアデザインの概念

1．キャリアの概念

（1）キャリアの定義

　キャリア（career）とは、広辞苑等によると、「専門的技能を要する職業についていること」、「国家公務員総合職試験合格者で、本庁に採用されている者の俗称」あるいは、単に「職業・生涯の経歴」となっている。

　日本とは異なり、キャリアという概念が古くからあるアメリカでは、すでにキャリアについての研究が行われてきており、様々な学者が「キャリアとは何か」について定義をしている。

　例えば、キンブレル（Kimbrell,G.）とヴィンヤード（Vineyard,B.S.）によれば、「キャリアとは、興味や知識、訓練、経験という基盤の上に築かれた、一連の関連する仕事のことである」と定義し、人が給料のためにする仕事（job）と区別している[1]。また、アムンドソン（Amundson,N.E.）とポーネル（Poehnell,G.R.）によれば、「キャリアという語はラテン語の carrus（車）および currere（走る）を語源とし、そこからその道に沿って人が進むこと、生涯、経歴という意味に発展したと言われる。キャリアは職業のみを指すのではなく、仕事や人生・生き方を含めたより広範囲な概念として捉えられる」と述べている[2]。

　キャリアの意味については、上記のほかに、ホール（Hall,D.T.）は、キャリアと言う言葉が使われる際に意味するものを、①昇進、②専門職、③生涯を通じた職務の連続、④生涯を通じた役割に関する経験の連続、の４つに分類した上で、次のような独自のキャリアの定義を提唱している[3]。

　　(ア)　キャリアとは成功や失敗を意味するのではなく、「早い」昇進や「遅い」昇進を意味するものではない。

㈤　キャリアにおける成功や失敗はキャリアを歩んでいる本人によって評価されるのであって、研究者・雇用主・配偶者・友人といった他者によって評価されるわけではない。

㈥　キャリアは行動と態度から構成されており、キャリアを捉える際には、主観的な側面（価値観や態度やモチベーションの変化など）と客観的な側面（特定の職種への異動を決定するというように観察可能な具体的な選択行動）の両面を考慮する必要がある。

㈦　キャリアはプロセスであり、仕事に関する経験の連続である。

キャリアの概念は、アメリカでは1950年代から60年代にかけて職業生活を中心にしたワークキャリアとして提起されたが、70年代から80年代を通して職業生活のみでなく人生全般を視野に入れたライフキャリアの概念へと広がり今日に至っている。これは、生涯発達心理学（life-span development psychology）やライフコース社会学（life course sociology）の「人は生涯発達する」ということと「生まれた時代により社会背景は異なり、個人はその影響を受ける」という理論がその基礎となっている[4]。

新しいキャリアの捉え方に、バウンダリレス・キャリア（boundaryless career）やプロティアン・キャリア（protean career）などがある。

（2）バウンダリレス・キャリア

バウンダリレス・キャリアは、アーサー（Arthur, M.）とルソー（Rousseau, D.M.）によって提唱されたもので、バウンダリレスは、「境界なき」という意味である。すなわち、バウンダリレス・キャリアとは、職務、組織、仕事と家庭、産業の壁を越えて動くキャリアのことである。その典型的なモデルとなる人物例として、シリコンバレーで活躍する創造的な起業家やハイテク産業のエンジニアが挙げられる。また、シリコンバレーでなくとも、より一般的に、開発エンジニア、建築家、コンピュータ・コンサルタントなどにもあてはまるし、映画産業のプロデューサーなどにもあてはまる。いずれも組織的というよりも創造的な職種に就く人たちであり、産業の境界、企業の境界、職能専門分野の境界を越えて活躍する[5]。

　〈表 1 - 1〉に「21 世紀の組織やキャリアに関してよく耳にするキーワード」を挙げているが、バウンダリレスという言葉が、ここでも全体を統括する言葉になっている[6]。

（3）プロティアン・キャリア

　プロティアン・キャリアは、先述のホールによって提唱されたもので、プロティアンとは、ギリシャ神話のプロテウスから名付けており、「変幻自在である」ことを意味する。すなわち、プロティアン・キャリアとは、組織によってではなく個人によって形成されるものであり、キャリアを営むその人の欲求に見合うようにそのつど方向転換されるものである。移り変わる環境に対して、自己志向的に変幻自在に対応していくキャリアとも言える[7]。

（4）人生キャリア

　以上のように、キャリアの定義は一律ではないが、簡潔に説明すれば、キャリアとは、職務経歴だけでなく、仕事と余暇、学習、家族との過ごし方などを含む生涯にわたるライフスタイルのプロセスであると言える[8]。つまり、どのような仕事に就きたいかはどのようなライフスタイルを望んでいるかを知ることと深く関係するということである。

　なお、人の一生における経歴一般は頭にライフをつけて人生キャリア（life career）と呼び、そのうち職業を切り口として捉えた場合の人の一生・経歴・履歴の特定部分を職業キャリア（professional /occupational /vocational career）と呼んで区別することがある[9]。

〈表1－1〉21世紀の組織やキャリアに関してよく耳にするキーワード

21世紀の組織	21世紀のキャリア
・オープン	・ポータブル・スキル（他社でも通用するスキル）
・フレキシブル（柔軟、社内外の流動性）	・市場価値（「売れる人材」） スペシャリスト、資格
・アウトソーシング（外部委託）	・π型、T字型人材、社内公募
・クロス・ファンクショナル・チーム（複数の職能にまたがるチーム）	（専門性が一つや二つの分野にありながら、他の分野とも連携できる人が公募のプロジェクトでも貢献しやすい）
・コア・コンピタンス（core competence）	・コア人材、なんらかのスペシャリスト
・迅速（アジャイル：agile）を旨とする経営	・管理職に対してもスピードを評価
・フラット型（文鎮型）	・ラインの長として出世にとらわれないリーダーシップ
・オーケストラ型（ピラミッド型）	・自立型人材
・チーム組織（毎年テーマ） プラットフォームとしての仕事の場（社内外まじりつつ）	・エンプロイアビリティ（就業可能な人がその仕事につく）
・個を尊重する組織（自己責任を働くひとに望む）	・キャリアデザインする個人（自己選択を節目ではする）
・IT ベース	・IT リテラシー
・知識創造企業	・KE（ナレッジ・エンジニア：knowledge engineer）的な幹部社員
・グローバルな組織	・ワールドクラスの仕事
・バウンダリレス組織	・バウンダリレス・キャリア

出所：金井壽宏『働くひとのためのキャリア・デザイン』65頁（PHP研究所、2002年）を基に作成（著者一部修正）。

2．キャリアデザインの考え方

　上に述べたキャリアというものを、会社任せではなく、自分自身が主体性を持って自立的に計画し、実行していこうというのがキャリアデザイン（career design）である。

　つまり、キャリアデザインとは、長期的に自らの職業生活（キャリア）を自らの手で主体的に描く（デザインする）ことを言う。具体的には、自分の能力や性格、ライフスタイルを把握（棚卸し）した上で、何を目指して（ありたい姿や状態）、何を大切にして（価値基準）、どこで、どのような仕事や生活をしていくのかを考え、そのためにどのような行動を起こしていくのかを考えていく。幸せなキャリアを築くためには、キャリアビジョン（career vision）[10] を定めることが重要である。ビジョンを明確化することで現状の課題が明確になり、越えるべきハードルが見えてくる。それにより、ハードルを越えるためのプランができ、自らを成長させていくことができる。キャリアデザインは、このプロセスの最初の段階、すなわちビジョンを明確にし、課題を認識した上でキャリアプランを策定する一連のプロセスを言う。

　仕事だけでなくそれ以外のことを含めて、"自分にとって真に納得できる人生とはどういうものか"を描き、実現していくということにキャリアデザインの意義がある。

　キャリアデザインは、終身雇用が常識ではなくなり、会社では個人が自分のキャリア作りを担うようになった日本において、誰もが念頭に置くべき発想法である。

　つまり、会社任せにキャリアや人生を歩んでいるようでは、その会社にしか勤まらないような人間になってしまっても仕方がない。就業可能性が高く、ポータブル・スキル（会社が変わっても普遍的に通用するスキル）を備えている人は、ただ会社任せにキャリアを歩むだけでなく、自分なりに自分のキャリアをデザインするという発想で生きてきた人である。ただ収入が上がるので転職するというような類のステップアップとか、よく雑誌のキャリア特集で見るようなキャリアデザインではなく、自分の持味をより普遍的に通用する形で高めるような、節目のあるキャリア選択をするべきだというキャリア観が強調されるようになってきたのである[11]。

COLUMN 1 / 人生 100 年時代の若者へのメッセージ

『LIFE SHIFT（ライフシフト）100 年時代の人生戦略』は、人生 100 年時代において、自分らしい人生の道筋を描くための羅針盤として、広くマスメディアにも取り上げられてきた。本書を要約すると「人生は 100 年続くようになる。そのため、今までのライフステージの考え方は破綻し、複雑なマルチステージ化する。例えば、生涯に 2 つ、もしくは 3 つのキャリアを持つようになる。その中で、個人は貯金や物件といった有形資産だけでなく、無形資産の構築と運用が大事になってくる。」ということであるが、就職の常識が変わることについても若者（この本では 30 歳未満としている）に対して、以下のメッセージを送っている。

「長寿化を恩恵にするためには、古い働き方と生き方に疑問を投げかけ、実験することをいとわず、生涯を通じて『変身』を続ける覚悟をもたなくてはならない。

いま 30 歳未満の人には、すぐに給料のいい職に就こうとばかり考えないようアドバイスしたい。じっくり時間を取って様々なキャリアの選択肢を検討し、世界について学び、労働市場の未来をよく理解したほうがいい。自分のビジネスを立ち上げようとしている人と知り合えば、キャリアの選択肢について視野が広がるかもしれない。この期間は、未来の夫や妻とのパートナーシップのあり方を考える時期にもすべきだ。男性なら、どうやって未来の妻と平等な貢献を重んじた関係をはぐくめばいいか考えよう。女性なら、家庭に経済的に貢献する方法を考えればいい。

この時期には、人的ネットワークも広げたい。若者たちが多様な経験をする足枷になっているのは、自分と似たような人としか付き合いがないことだ。人生が長くなれば、人生の途中で変身を遂げることが不可欠になる。それを実践するためには、自分について知ることと、自分とは大きく異なるロールモデルと接することが重要だ。いま 30 歳未満のあなたは、人的ネットワークを広げて、自分とまるで違う人たちと付き合おう。」

人生 100 年時代において、自分自身がどう生きていくか、変化し続ける環境にどう対応していくべきなのか、よく考えて、自分らしい 100 年ライフを築いていくことが大切である。

出所：Gratton,L.and Scott,A., *The 100-Year Life*, Lynda Gratton and Andrew Scott,2016 c/o Peters, Fraser & Dunlop Ltd.in association with

Pollinger Limited, London through Tuttle-Mori Agency, Inc.,Tokyo（池村千秋訳『LIFE SHIFT（ライフシフト）100 年時代の人生戦略』7 ～ 8 頁（東洋経済新報社、2016 年））。

注

1) Kimbrell,G. and B.S.Vineyard, *Succeeding in the World of Work* , 7th ed.,The Mcgraw-Hill Companies,Inc.,2003（仙崎武監訳『キャリア・デザイン－仕事の世界での自己実現のために－』10 頁（文化書房博文社、2005 年））。なお、キンブレルとヴィンヤードは「仕事は、たいていある課せられた任務から成り立っており、しばしば仕事は、会社における地位である」と述べている。

2) Amundson,N.E. and G.R.Poehnell, *Career Pathways* , 3rd ed., Ergon Communications, 2004（河崎智恵監訳『キャリア・パスウエイ－仕事・生き方の道しるべ』7 頁（ナカニシヤ出版、2005 年））。

3) 渡辺三枝子編著『キャリアの心理学—働く人の理解〈発達理論と支援への展望〉』114 ～ 115 頁（ナカニシヤ出版、2003 年）。

4) 金井壽宏『働くひとのためのキャリア・デザイン』202 ～ 206 頁（PHP 研究所、2002 年）。

5) 金井・前掲注 4）52 ～ 54 頁。

6) 金井・前掲注 4）64 頁。

7) 渡辺編著・前掲注 3）115 頁。

8) 金井は、キャリアの定義を「成人になってフルタイムで働き始めて以降、生活ないし人（life）全体を基盤にして繰り広げられる長期的な（通常は何十年にも及ぶ）仕事生活における具体的な職務・職種・職能での諸経験の連続と、（大きな）節目での選択が生み出していく回顧的な意味付け（とりわけ、一見すると連続性が低い経験と経験の間の意味付けや統合）と、将来構想・展望のパターン」としており、これを一言で「長い目で見た仕事生活のパターン」をキャリアの定義としている（金井・前掲注 4）140 頁）。

9) ただし、遺伝子の保有者、感染症の保菌者などを指すキャリア（carrier）は、運ぶ（carry）からの派生語であり、違う語源の単語である。

10) キャリアビジョンは、生きていく方向性を決めるものであり、実際には、キャリアビジョンに向けてのプランがその都度達成されていき、少しずつキャリアアップ（成長）していく。キャリアビジョンとキャリアプランとの違いを具体的にいえば、大きなプロジェクトをマネジャーとして手掛けたい、優秀と評価されるエンジニアになりたい、豊かな生活をしたい、というのがキャリアビジョンであって、小さなプロジェクトをきちんと完成させる、あるいは、大きなプロジェクトを任される、信用を獲得

する、仕事に必要な資格を計画通りに取得する、5 年以内に年収 1,000 万円を目指す、というのがキャリアプランであり、達成されると次のプランに取り掛かるべきものである。

11)　金井壽宏『キャリア・デザイン・ガイド－自分のキャリアをうまく振り返り展望するために－』28 ～ 29 頁（白桃書房、2003 年）。

第2章
キャリア形成

1．キャリア形成の意義と方法

（1）キャリア形成の意義

　キャリア形成とは、キャリアの概念を前提として、個人が職業能力を作り上げていくこと、すなわち、関連した職務経験の連鎖を通して職業能力を形成していくことを言う。

　キャリア形成は、短期的な視野に立つのではなく、自分の目指すゴールは何なのか、自分のやりたいことは何なのか、自分らしく生きるにはどうすればよいか、といったことを考えた上で、自分の適性、能力に応じて生涯にわたりキャリアを形成していくことが重要である。

　例えば、学生は、自分の人生を自分で選択していく力をつけることが重要であるが、就職は自分らしい人生を生きるための大切なテーマである。自分のビジョンを確立し、そのために学校で何をなすべきかを問いかけ、実行していくことが学生にとってのキャリア形成である。

　また、企業に勤務する社員は、近年の雇用形態の変化の中でキャリア形成のため、主体的な職業能力開発がますます必要になってきている。

（2）キャリア形成の方法

　実際にキャリアを形成していこうと考えたとき、どのようにすればよいのか。

　一般的にキャリア形成には以下の6つのステップがある。

① 　自己理解：進路や職業・職務、キャリア形成について「自分自身」を理解する

② 　仕事理解：進路や職業・職務、キャリアパス（career path）の種類と内

容を理解する

③　啓発的経験：インターンシップ（internship）やOJT（on-the-job training：職場での実務を通じて行う従業員の教育訓練）などキャリアの選択や意思決定の前に体験してみる

④　キャリアの選択：キャリア形成に関する意思決定（〈図2－1〉）を行う。目標・ゴールを決める

⑤　方策の実行：仕事、就職、進学、キャリアパスの選択、能力開発の方向など、意思決定したことを実行する

⑥　仕事への対応：新しい職務等への適応を行う

以上の6つのステップを確実に踏むことがキャリア形成として重要である。

一方、職業に就いていない学生は、将来の職業生活に向けた土台作りが重要であり、その土台作りには、まず、自分とは何かということを考え、自己確立

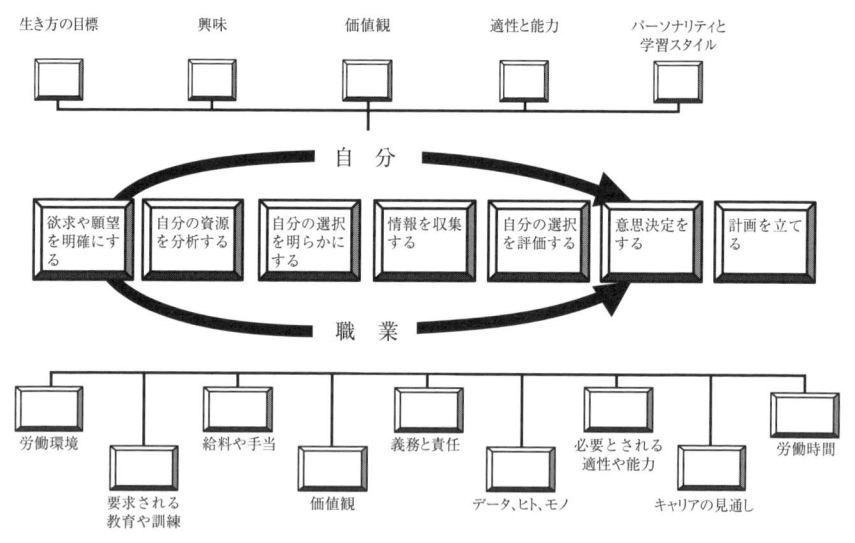

〈図2－1〉　キャリア意思決定（Career Decision Making）の例

出所：Kimbrell,G. and B.S.Vineyard, *Succeeding in the World of Work*, 7th ed.,TheMcgraw-Hill Companies, Inc., 2003（仙崎武監訳『キャリア・デザイン－仕事の世界での自己実現のために－』22頁（文化書房博文社、2005年）。

を図る自己認識を行い、次に、職業理解をし、さらに、インターンシップなど
を通した職業経験をし、最後に、そのために必要な能力の開発を行うなどのス
テップを踏んでいくことがキャリアを形成していくことになる。

2．自己理解の必要性

（1）キャリア・アンカーと自己イメージ

1）　キャリア・アンカー

　キャリア形成を考える上で、自己理解、つまり自分についてよく知るという
ことは非常に重要である。進路や職業、あるいは将来のキャリアを合理的に選
択し、それを実践していくためには、その個人が、進路や職業、企業内のキャ
リア・ルートの内容を知り、選び、それを遂行していく主体である「自分自
身」について、理解することがまず第一歩である。自分で自分のことがわかっ
ていないと、どういうことが起こるか。キャリアを考える場合、世の中で人気
がある業界、企業、職種だから、注目されている資格だからと、まったく自分
の価値観やスキルに合わない、あるいは動機付けされない仕事を選んでしまっ
たり、目指してしまったりすることになるからである[1]。

　アメリカの社会心理学者シャイン（Schein,E.H.）は、「人がキャリアを形成
する際の拠り所になるもの」として、キャリア・アンカー（Career Anchors）
という概念を提唱した。アンカーとは、船を停泊させるときにおろしておく
錨（いかり）のことであるが、シャインは、キャリア・アンカーを「自覚された才能と
動機と価値の型」と定義している[2]。

2）　自己イメージ

　個人はキャリアの進展につれて、はっきりした自己イメージを育んでいく
が、自己イメージは、次の3つの問いに対するある程度明示的な答えがその中
身となっている[3]。

① 　自分の才能、技能、有能な分野は何か。自分の強み、弱みは何か。

② 　自分の主な動機、欲求、動因、人生の目標は何か。何を望んでいるの
か。

　　　または何を望まないのか。それを今まで一度も望んだことがないから望

んでいないのか。ついに何か洞察するところがあって、それを機にもう望むのをやめたのか。

③　自分の価値観、つまり自分がやっていることを判断する主な基準は何か。

　自分の価値観と一致する組織や職務についているか。やっていることをどのくらい好ましいものと感じているのか。自分の仕事やキャリアにどのくらい誇りを持っているのか、または恥ずかしいと感じているのか。

これら3つの問いは、それぞれ自己イメージの3つの側面を照射している[4]。すなわち、①能力・才能についての自己イメージ、②動機・欲求についての自己イメージ、③意味・価値についての自己イメージの3つである。

自己イメージとは、他の人がどのように思っているかではなく、自分が自分をどのように捉えているか、つまり、自分についての主観的な理解である。

自己イメージは、自分の力で、また周囲の他者とのかかわりの中で、主体的に形成してきたものであり、一生を通じて発展していく。

第1の能力や才能については、ある程度早い段階から自覚できるだろう。教師や会社の上司、親、親友などのアドバイスが自己イメージの形成に役立つこともある。仕事を始める前でも、自分の強み・弱みはわかるはずである。また、専門的な技術や知識を学習したり経験したりしていれば、そこから「できること」が見えてくる。よく「できるか」どうかは相対的なものであるが、自分が重要だと思うし、自分がうまくできると思っていることが何なのか、に答えることが能力・才能についての自己イメージを形成することになる。

第2の「何をやりたいのか」の問いに対しては、能力・才能の場合と異なり、他人から教えてもらえる筋合いのものではなく、自分で自分にしっくりくるイメージを探すほかない。動機・欲求の自己イメージに関しては、その意味では、他者の声よりも自分の内面の声に耳を傾けることが重要になってくる。

また、本格的に「やりたいこと」が見えてくるまでには相当時間がかかるため、当初はなんとなく興味があるということからスタートすることが多い。

第3の価値観とは、人の行動を導く信念や思いのことである。価値観は、その人にとって本当に重要だと思っていることを表している。自分が意識してい

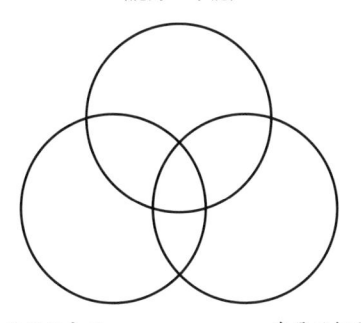

自分にできることは何か？
（能力・才能）

自分は何をやることに
価値を感じるか？
（意味・価値）

自分は何がやりたいのか？
（動機・欲求）

〈図２－２〉シャイン（Schein,E.H.）の３つの問い

出所： 大久保幸夫『キャリアデザイン入門〔1〕基礎力編』18 頁（日本経済新聞社、2006 年）。

るかどうかにかかわらず、キャリア選択のような重大な決定は、常に価値観に基づいてなされる。現実に、価値観と選択したキャリアの特徴がマッチしていればいるほど、キャリアにおいて満足や成果が得られる可能性は高くなる。また、「価値を感じること」とは、人に喜んでもらえることに価値を感じるとか、新しい事実を発見することに価値を感じるといったような抽象的なことで構わない。自分自身の時間とエネルギーを投入してもよいと思えることは何なのかということを自分で確認できればよい[5]。

　問題は、その仕事が長期的に本人にもたらす意味や価値である。仕事をしていることに意味や社会への役立ちが感じられなかったら、いつか空しくもなるし、それでいいのかと自問するようになるはずである。また、多くの人たちは、入社すると企業の価値観に自らを合わせようとし、多くの場合はそれに成功するが、どうしても合わせることができない場合は、自分にも会社にも雇用・被雇用の関係を続けることは不幸であると言える。ただし、日本企業の場合、価値観は明示してあるとは限らない。

　むしろ、暗黙のものとして存在している場合が大半であるから、それは自分

で感じ取るしかない[6]。

　以上述べたとおり、キャリア・アンカーは自己イメージを明確にするための
ツールである。今までの経験を振り返って、自分のアンカーを探してみること
も有意義である。

（2）キャリア・アンカーの種類

　シャインは、キャリア・アンカーの種類として次の8つ挙げている[7]。

①　専門・職能別コンピタンス（Technical/Functional Competence）

②　全般管理コンピタンス（General Managerial Competence）

③　自立・独立（Autonomy/Independence）

④　保障・安定（Security/Stability）

⑤　起業家的創造性（Entrepreneurial Creativity）

⑥　奉仕・社会貢献（Service/Dedication to a Cause）

⑦　純粋な挑戦（Pure Challenge）

⑧　生活様式（Lifestyle）

上に挙げたこれらの一つひとつに対してある程度の関心は、誰もが持ってい
ると思われる。その中に、どうしてもこれだけはあきらめたくないと思うよう
な際立った重要な領域がある。キャリア・アンカーは、その領域を示すラベル
であり、人が選択を行わなければならない場合にあきらめることのない関心あ
るいは価値、とみなされ得る[8]。人は、その領域への関心をもとに基本となる
自己イメージを確定していき、それがキャリアの全段階において最優先課題に
なっていく。

　なお、キャリア・アンカーは、自分探しを助ける自己像（セルフ・イメー
ジ）の明確化のためのツールであるので、キャリア・アンカーが起業家的創造
性や専門コンピタンスだから良い、安定だから悪いというような筋合いのもの
ではない。それぞれが、個人の長期的な仕事生活の拠り所を、良い悪いとはか
かわりなく示している。また、船の錨にあたるキャリア・アンカーの投錨先
は、ひとつとは限らない。「自立・独立も起業家的創造性も目指す」という社
内ベンチャー予備軍みたいな人もいれば、「専門コンピタンスを一番の牽引力

としてキャリアを歩んできたが、安定も大いに大切にしたい」という人もいるだろう。

　キャリア・アンカーのエッセンスは、能力、欲求、価値の三位一体の中に位置付け、組織とのベストな関係を個人の側にも組織の側にも意識的に探求させる点にある[9]。

COLUMN 2／ビジネスパーソンと自己啓発

　一般に、ビジネスパーソンの第 1 の危機は入社して 3 年目に、第 2 の危機は 10 年目にやってくると言われる。

　仕事に対する倦怠、自分の能力や適性についての不安、上司に対する反感、将来に対する自信喪失、職場に対する不満と不平などが次々と、あるいはミックスした形で襲ってくると言う。このようなときに、力のない者は、無気力と諦念と惰性の生活の中に自己を埋没する。力のある者は、無事くぐり抜けるのみか、逆に禍を転じて自己を伸ばす肥料と化している。この力、すなわち、自分自身を鍛え上げる能力と、自分自身を効果的に管理して、より良い仕事の習慣をつくり上げる能力が必要なわけである。

　すぐれたビジネスパーソンになるためには、いろいろな要素が必要である。例えば、職場と仕事についての知識や執務に必要な基本技能をはじめとして、勤勉とか誠実な人柄、体力、健康といったものも含まれる。しかし、これだけですぐれたビジネスパーソンが生まれてくるかというと決してそうではない。すぐれたビジネスパーソンになるためには、このほかに、みずからの力で自分自身を鍛え上げる能力と、自分自身を効果的に管理して良い仕事の習慣を作り上げる能力が必要である。

　前者を自己啓発（self-development; self-enlightenment）、後者を自己管理（self-management）と言うが、場合によっては両者を含めて、自己啓発ないしは自己管理と呼ぶこともある。

　自己啓発には、進んで仕事をしようという意欲が必要である。すぐれたビジネスパーソンは例外なく、人から仕事を押し付けられるのではなく、自分の意思で行動する人、つまり、セルフスターター（self starter）型の人である。セルフスターターになるためには、現在自分がしている仕事に対して積極的な気

持ちや熱意を持たなければならない。また、積極的な態度を永続させ、努力することを楽しみと思うようになるためには「自己啓発を習慣とする」ことが大事である。

　自己啓発の方法としては、読書が最も重要な方法のひとつとして挙げられるが、読書だけでなく、各種の講習会やセミナーなどに出席して講義を聞く、身近にいる社長や経営者などに話しを聞く、どのジャンルでも関係なく成功している人の話しを聞くことなど様々な方法がある。

　自己啓発をすることで自分の意識レベルやモラル、モチベーションをアップさせることになる。モチベーションや仕事に対する意識レベルがアップすれば今まで挑戦できなかった仕事に対しても挑戦してみようという気がわいてくるし、それに対して今までは成功できなかったことでも、成功につながることがよくある。

　人生100年時代、就職後も常に学び直しが求められるようになってきた。

出所：桑名一央「ビジネスマンと自己啓発」ダイヤモンド社編『自己啓発36のポイント』3〜10頁（ダイヤモンド社、1967年）を基に作成（著者一部修正）。

注

1）　小杉俊哉『キャリア・コンピタンシー』60〜61頁（日本能率協会マネジメントセンター、2004年）。

2）　Schein,E.H., *Career Dynamics*, Addison-Wesley Publishing Company,Inc.,1978.（二村敏子＝三善勝代訳『キャリア・ダイナミックス』146頁（白桃書房、1991年））。

3）　Shein,E.H., *Career Anchors: Discovering Your Real Values*, Jossey-Bass,Inc.,John Wiley & Sons, Inc.,1990（金井壽宏訳『キャリア・アンカー－自分のほんとうの価値を発見しよう－』21頁（白桃書房、2003年））。

4）　金井壽宏『働くひとのためのキャリア・デザイン』36〜39頁（PHP研究所、2002年）。

5）　大久保幸夫『キャリアデザイン入門〔1〕基礎力編』18頁（日本経済新聞社、2006年）。

6）　小杉・前掲注1）62頁。

7）　金井訳・前掲注3）26頁。

8）　二村＝三善訳・前掲注2）148頁。

9）　金井訳・前掲注3）100頁。

第3章
インターンシップ

1．インターンシップの意義

　近年は、フリーターの問題や依然として新規学卒者の高い離職率が続いていることに加え、ニート（NEET：Not in Education, Employment or Training）と言う、定職に就かない上に教育も職業訓練も受けないなど、働く意欲がない若者も少なくない。

　その原因として就労意識の希薄化が挙げられている。特に早期離職者が高水準で推移しているのは、学生側と企業側のコミュニケーションが十分に行われていなかったことも指摘されている。そこで学生一人ひとりの成長期段階に応じて考えさせ、働く意識を確立させるという観点から、在学中に企業や自治体等で一定期間就業体験させるインターンシップ（internship）教育が注目を集めている[1]。

　インターンシップは、1997 年に文部省（現文部科学省）が発表した「教育改革プログラム」において、その総合的な推進の必要性が訴えられ、その中で「学生が在学中に自らの専攻、将来のキャリアに関連した就業体験を行うこと」と定義され、通常「就業体験学習」と訳される。なお、インターンシップは、医師のインターンシップが直接の語源で、会社の見習いという意味が現在のインターンシップにつながっている。

2．インターンシップの推進

　インターンシップは、大学における学修と社会での経験を結びつけることで、学生の大学における学修の深化や新たな学習意欲の喚起につながるとともに、学生が自己の職業適性や将来設計について考える機会となり、主体的な職業選択や高い職業意識の育成が図られる有益な取り組みである。また、体系化

された知識を理解し学修する能力だけでなく、仕事を通じて暗黙知から学修する能力を身に付けることで、就職後も成長し続けられる人材の育成につながる[2]。

　文部科学省、経済産業省、厚生労働省や各経済団体は、積極的にインターンシップを推進しており、これを取り入れる企業等は年々増加している。

　また、企業内では能力主義の徹底など、従来の雇用慣習が急速に変化し、採用活動においてもその変化が見られる。例えば、採用時に学校名で判断するのではなく、個々の学生の能力そのものを問う傾向が強まってきていることが挙げられる。それと同時に創造性や自主性などを備えた人材の新たな育成システムとしてインターンシップは注目されている。

3．インターンシップの種類

　インターンシップの内容は、実施企業や団体によって異なるが、大まかに分けると、以下の〈表3－1〉のように「実践型」、「課題解決型」、「見学・セミ

〈表3－1〉インターンシップの種類

分類 (注)	概　要
実践型	社員の営業に同行したり、オフィスで業務を手伝ったりするなど、仕事をサポートすることで、その会社で働く疑似体験をする。期間の目安は3日〜2週間程度である。
課題解決型	営業戦略を考え最終日に社員の前でプレゼンテーションをするなど、就職活動生のチームで与えられた課題に取り組む。期間の目安は1日〜1週間程度である。
見学・セミナー型	その業界や企業・団体についての説明を聞いたり、仕事の現場を見学したりする。インターンシップというよりも説明会に近い場合も多く、期間の目安も1日程度である。エントリーシートやウェブテストを通過した者だけが参加できる「選考型」や、早い者勝ちの「先着型」、誰でも参加できる「自由参加型」など、様々な参加方法がある。

注：インターンシップの分類や期間等はあくまで目安である。詳細は企業や団体によって異なる。
出所：ベネッセi-キャリア編集協力『就職活動ガイドブック〈2019〉』14頁を基に作成（著者一部加筆・修正）。

ナー型」の 3 種類に分類できる。また、企業や団体によってはインターンシップへの参加が採用に直結することや影響する場合もある。

4. インターンシップの計画と実施

　インターンシップが有効に機能するには、実施に先立ち、大学側、学生側、学生ならびに受入企業などが相互連絡を図り、綿密な計画を立て、実施することが重要である。計画と実施にあたっての留意事項を以下に示すこととする[3]。

（1）インターンシップの実施計画

1）　インターンシップの目的と位置付けの明確化

　大学側がインターンシップの目的と位置付けを明確にし、学生を指導するとともに、受入側となる企業等にその趣旨を十分に理解してもらうことが重要である。

　目的としては、①大学での座学学習効果の向上を目指すもの、②職業意識の向上を目指すもの、③企業等での活動を主とするもの、などがある。また、位置付けとしては、①正規の教育課程に組み入れ現場実習などの授業科目の単位として認定するもの、②大学行事の活動などの一環とするが授業科目ではなく単位認定はないもの、③その他、大学とは無関係に企業などが実施するものがある。

　インターンシップが今後、正しく根付いていくためには、学生が大学の必修授業科目であるから参加するというのではなく、自らの能力向上のために主体的に就業体験するという意識が重要である。

2）　インターンシップ実施対象者、時期と期間の設定

　卒業年次の 1 年前の学生を対象とすることが多くなっている。つまり大学では 3 年次、高等専門学校では 4 年次、短期大学と大学院修士課程では 1 年次を対象としているところが多い。しかし、実際には卒業年次の 2 年前および 1 年前の 2 回参加したいなどの希望が数多く、今後は企業等側・大学側ともその対応を考えていく必要がある。また、実施時期は、大学が夏休みの 8 〜 9 月が

一般的であるが最近は秋冬のインターンシップ[4]も実施されている。実施期間については、企業等側、大学側ともに効果を考えれば2週間から1カ月程度が適切と考えているが、実際は1週間程度が多く、また最近は短期化が急加速し、1日型インターンシップ[5]も実施されている。長期間になると企業等の負担も増えるが、今後は両者のニーズにも応えていく仕組みが必要である。

3)　報酬、諸経費の負担、保険

インターンシップは教育の一環であり、お金を得るためのアルバイトと異なり、原則として無報酬であり、残業もない。ただし、企業等は、学生に責任や意欲を持たせるためと一定の仕事をしてもらうためなどを理由に報酬支給を行うところもある。また、インターンシップ中の学生の事故などへの対応は企業等側・大学側とも十分留意する必要があるが、特に現場での安全確保に対して企業等の取り組みが重要である。さらに万一の備えとして、保険への加入は必要である。

インターンシップが大学行事として行われている場合は、学生の教育研究活動中の事故による傷害を補償する「学生教育研究災害傷害保険」[6]などの保険が適用されるが、大学側が保険に加入していない場合および大学行事として位置付けられない場合は、大学・学生・企業等で協議し、三者のいずれかが負担し、保険に加入する必要がある。

4)　就業に関する契約・覚書等

企業等と大学および学生との間でインターンシップ就業の覚書などを交わし、ルールを文書で確認しておくことが望ましい。研修により得た成果の著作権などにかかる権利は企業等に所属するのが一般的であるが、このルールを明文化することや，未発表の成果物などの図版・作業内容を外部へ公表することについても、あらかじめ基本的ルールを明らかにしておくことが重要である。

その他、企業等内での研修効果を高めるために、学生が研修に関連のある専門知識や技術を習得しておくことや社会人としての一般常識とビジネスマナーを身に付けておくことは、研修目的や内容の如何にかかわらず必要である。

（2）インターンシップの実施

　研修指導は一般的には、各企業等の指導担当者のもとに行われる。指導者は、素直で積極的に取り組もうとする研修生の姿勢に指導意欲を見出しているとともに、企業等も第三者的立場から本音で発言できる研修生の意見に期待しているところがある。分からないことや疑問に思う点は質問し、確認して、意見があれば自分の考えを述べることによって、お互いに刺激しあいながら理解を深めていくことは、学生にとってはもちろん、企業等にとっても有用なことである。

　また、研修期間中は毎日、研修日誌・報告書を作成し、それを指導者に提出し、コメントをもらいながら、一層の意志の疎通が図られるように努めることが重要である。

　さらに、万一研修が当初の意図するものと反するものであった場合には、早期に軌道修正する必要がある。大学側を含めて善後策を検討し、例えば研修部署を変更するなどの対応を取ることもあり得るが、この場合はミスマッチの原因を究明し、今後の計画に反映されるようにすることが重要である。

　なお、〈表3－2〉にインターンシップ参加の流れと心構えを示すこととする。

〈表3－2〉インターンシップ参加の流れと心構え

参加の流れ	概　　要
①準備・情報取集	情報取集には、次の方法がある。 ⑦学内のキャリアセンターに行く。 ④企業のウエブサイトを見る。 ⑤就職支援サイトを見る。
②応募	履歴書や応募書類を提出する。
③選考	書類や面接などで選考が行われる。最近は、ウェブ上で行う「動画選考」を導入する企業も増えている。
④実施	実施前にはインターンシップ先の企業の公式サイトをくまなくチェックし、事業内容や経営理念などを理解しておく。また、身だしなみや敬語の使い方といったマナーを身に付け、期間中は元気のいい挨拶と笑顔を意識する。

出所：ベネッセ i - キャリア編集協力『就職活動ガイドブック〈2019〉』15頁を基に作成（著者一部加筆・修正）。

5．インターンシップを実施した場合のメリット

（1）学生のメリット

　学生のメリットは、まず、就職活動前に、企業で実習を行うことにより、適性、適職を一層把握しやすくなり、したがって、就職活動時に迷いの少ない進路選択が可能になることである。また、インターンシップで就業体験することにより、自らが労働の対価として求めるものは何なのかを理解してから、就職先を決めることができる。さらに、企業を入社前に下見することにもなるため、企業の実情・仕事の実態に触れることから入社後のミスマッチを防ぐ効果もある。その他、現場での経験により、自分の強み・弱みを把握することができ、その結果、その後の大学生活で何を勉強していくべきかが明確になる。

（2）大学のメリット

　大学のメリットは、インターンシップを行った学生の就業報告などのフィードバックにより大学のアカデミックな教育研究と社会での実施経験をリンクさせることが可能となり、大学における教育内容・方法の充実につながるなど、企業の大学へのニーズを把握することが可能となる。また、企業の現場において就業経験を積み、専門分野における高度な知識・技術に触れながら実務能力を高めることは、自主的に考え行動できる人材の育成につながる。さらに、地元産業や自治体とのコミュニケーションの効果も期待できる。

（3）企業のメリット

　企業のメリットは、インターンシップの受け入れを機に、就業体験した学生を通じて、大学や他の学生・仲間にも受け入れ企業の情報が伝わることで、知名度を高め、社会貢献に熱心な企業、開かれた企業として社会に認知されることである。また、インターンシップの実施を通じて大学と連携を図ることにより、大学に新たな産業分野の動向等を踏まえた産業界等のニーズを伝えることができ、大学の教育にこれを反映させていくことにつながる。さらに、大学と企業の接点が増えることにより、相互の情報の発信・受信の促進につながり、

企業の実態について学生の理解を促す一つの契機になる。

6．インターンシップの課題

　まず、受入企業等にとって学生を一定期間預かることは、かなりの負担になることである。どの部署で受け入れ、何を教え、どのようなことを体験してもらうのかなどを事前に準備しておく必要がある。すなわち、実際に学生を受け入れ、インターンシップを実施する際には、組織内で整備された体制が機動的にかつ的確に機能することが重要であり、受入責任者による指導・監督および指導者の対応等が適切に行われることが必要である。特に受入責任者は、学生をアルバイトとして雇うのとは違う点を踏まえて、インターンシップの趣旨・目的と受け入れについて組織内へ周知徹底させ、学生が実習先で間違いなく対応できるような連絡体制を確保する必要がある。また、指導員への明確な指示・教育を行うとともに実施状況の管理・把握および実施結果の把握を行う必要がある。

　一方、参加する学生は、何のためにインターンシップを体験したいのかという目的意識を持つことが重要である。「働くとはどういうことか、会社という組織はどのように動いているのかを知りたい」、「就職を希望する業種・職種を体験したい」、「大学での研究テーマを実習に生かしてみたい」など、明確な目的を持って実習に臨めば、インターンシップのもたらす効果は一層高まると言える。

　また、大学がインターンシップを実施するに際しては、プログラムの決定、受入先・派遣学生の決定、担当教員の任命等、意思決定から実施までの責任ある体制の整備を行うことが重要である。さらに、インターンシップの実施時期・実施方法などについて、企業側と大学側で十分な調整を図る必要があるとともにインターンシップ実施後のフォローアップを十分に行う必要がある。

COLUMN 3 / 良好な人間関係を築くためには

ビジネスにおいて人と関わるということは「自分が活動しやすい人間関係を築ける」ことである。

知っている人とでさえコミュニケーションを取るのは難しいときがある。まして仕事上や初対面の人たちに対して、ある程度の良好な人間関係を築くことは、通常以上に難しい。うまくコミュニケーションを取るためには、相手が自分に何を期待して関わってきているのか、を常に意識するようにすることである。相手とのやり取りで、もしも「うまくコミュニケーションが取れなかった」と感じたときは、どの部分（言語、非言語、相手が望む目的など）で相手の期待感に応えることができなかったのかを考えてみると、その後の適した対策を見つけやすくなる。

また、他人から好意的な態度や行動を示されると、それと同じくらいのことを返したいという気持ちが起こる "好意の返報性"（reciprocal liking）が人にはあると言われている。自分の味方にしたい人や邪魔をされたくない人がいる場合には、積極的に自分からその人に挨拶をするとよい。たとえ相手から返事がなくても続ける。よほど嫌われていない限り、気持ちよく挨拶されて嫌な気分になる人は少ないものである。

言葉を通じて相手とコミュニケーションを取り、仲良くなるコツは「話し上手になる以上に聴き上手になることである。人の期待感（欲求）には、「自分の考えや気持ちを話したい（聴いてもらいたい）」というものがある。この期待感に応えるのが、聴き上手になることである。

相手と仲良くなるためのコツをまとめると以下のとおりである。

相手と仲良くなるためのコツ

聴き上手 〉 話し上手
聴き上手の手法＝積極的傾聴（active listening）

〈傾聴の3つの効果（3段階効果）〉
① カタルシス効果（catharsis effect）
　　気持ちがスッキリして心地よい
② バディ効果（buddy effect）
　　相手に信頼感を持つ・仲間として認める
③ アウェアネス効果（awareness effect）

新しいことに気がつく

〈傾聴のスキル〉

① 簡単受容…うなずき、あいづち、1～2語の復唱

② 復唱…事柄、感情への復唱（感情の明確化）

③ 要約…話の内容（事柄）＋今の相手の気持ち（感情）

④ 質問^(注)…自分の興味の質問、相手のための質問
　　　　　　　　開かれた質問、閉ざされた質問

ビジネス上の交流は、傾聴（8割）＋自分からの情報発信
（2割）

注：自分の興味の質問：自分がわからないこと、興味があり聞きたい質問

相手のための質問：話している相手がまだ十分に話していないこと
　　　　　　　　を具体的・明確にする質問

開かれた質問（open question）：相手の考えや気持ちを自由に話し
　　　　　　　　てもらうための質問

閉ざされた質問（closed question）：事柄や事実を確認するための
　　　　　　　　質問。Yes や No で答えやす
　　　　　　　　い質問

出所：深谷行弘『社員研修では教えない、仕事の本当のやり方』192 頁（経
　　　済法令研究会、2016 年）を基に作成（著者一部修正）。

注

1)　インターンシップは、主として就職体験や職業意識の形成を目的に行われており、
　学生が、自らの専攻や将来希望する職業に関連した職場で業務を体験することを通じ
　て、労働への意欲・態度を高めるとともに、必要とされる専門的知識・技能や職場に
　関する理解を深めて、自己の適性や志向に照らし具体的に進路を考える機会として、
　大きな役割を果たしている（中教審答申「今後の学校におけるキャリア教育・職業教
　育の在り方について」98 頁（2011 年 1 月 31 日）。（http://www.mext.go.jp/b_menu/
　shingi/chukyo/ chukyo0 toushin/1301877.htm）

2)　文部科学省〈体系的なキャリア教育・職業教育の推進に向けたインターンシップの

更なる充実に関する調査研究協力者会議）「インターンシップの普及及び質的充実の
ための推進方策について意見のとりまとめ」1頁（2013年8月9日）。
（http://www.mext.go.jp/b_menu/shingi/chousa/koutou/055/gaiyou/）

3）　仁平征次「企業からみたインターンシップ」古閑博美編著『インターンシップ－職
業教育の理論と実践－』26 ～ 30頁（学文社、2001年）。

4）　夏のインターンシップは、一般的には、企業等側は多数の学生と接点を持つことや、
企業イメージを高めることを目的としていることが多いが、これに対して秋冬のイン
ターンシップは、より優秀な学生を発掘し、囲い込むという目的が強くなると報じら
れている。秋冬に行われるインターンシップは、夏のインターンシップよりさらに実
践的な内容のプログラムも多く、学生にとっては成長を得られる機会にもなるが、秋
冬のインターンシップは、学校が休みの時期に行われるとは限らず、大学の授業があ
る期間にも実施されるという問題もある。今後、企業等は学生の授業に影響を与えな
いように、通常授業の行われない週末・祭日などの実施を検討すべきであるという意
見も出されている。

5）　1日型インターンシップとは、文字どおり、1日で終了するインターンシップであ
る。近年注目を集めているが、就職活動の一環としての、就業体験イベントの色合い
が強い傾向がある。一部企業では、「1日型」を実質的な会社説明会として利用したり、
中長期の場合は採用に直結させたりする例もあるなど就業体験として位置付けられて
きたインターンシップと就職活動の垣根がなくなろうとしている（日本経済新聞（朝
刊）2018年9月22日）。なお、最近、特に大手企業は採用のミスマッチをなくすため
「1日型」を廃止し、実務の体験を深める手法を採り入れると報じられている（日本
経済新聞（朝刊）2018年12月7日）。

6）　学生教育研究災害傷害保険は、学生が教育研究活動中に被った災害に対して 必要
な給付を行い、大学の教育研究活動の充実・発展に寄与することを趣旨として、1976
年度から始められた災害補償制度である。本保険は、公益財団法人日本国際教育支援
協会が契約者となり、東京海上日動火災保険株式会社を幹事会社とする日本の損害保
険会社（あいおいニッセイ同和損害保険株式会社、損害保険ジャパン日本興亜株式会
社、東京海上日動火災保険株式会社、三井住友海上火災保険株式会社）の共同保険契
約となっている。
（http://www.jees.or.jp/gakkensai/daigaku.htm）

第 4 章
能力開発の推進

1. エンプロイアビリティ

（1）エンプロイアビリティの意義

　エンプロイアビリティ（employability）とは、個人の雇用され得る能力のことで、employ（雇用する）と ability（能力）を組み合わせた用語である。

　これには、①社員が現在雇用されている企業に継続して雇用され得る能力を身に付けていること、②社員が現在雇用されている企業を退職しても他の企業で通用する能力を身に付けているという2つの側面がある。エンプロイアビリティが、日本で 1975 年以降大企業を中心に人事制度として広がった職能資格制度 [1) との違いは、他の組織に移動しても有効な能力であることである。

（2）エンプロイアビリティが注目されてきた背景

　エンプロイアビリティが注目されてきた背景としては、近年、産業構造の変化、技術革新の進展や労働者の就業意識・就業形態の多様化に伴い、労働移動が増大しつつあり、今後とも、IT（information technology：情報技術）等の技術革新の絶えざる発展やそれに伴う、産業や企業のあり方の変化によって、労働移動のさらなる活発化が予想される中で労働者に求められる職業能力として企業内で通用する能力から、企業を超えて通用する能力が問われるようになってきたことが挙げられる。

　また、企業内においても、IT 化等の技術革新の進展に伴い、急激な需要構造の変化に対応するため、企業内の組織構造は柔軟でフラットなものに変化しつつあり、年俸制や目標管理制度等、能力・成果重視の人事管理を進めようとする企業が増加しつつある。労働者の職業能力についても、特定の職務への習熟から、変化への適応能力や問題発見・解決能力、さらには創造的能力等が重

視される傾向にある[2]。

（3）エンプロイアビリティの基本

　エンプロイアビリティの基本になるのは、①専門能力、②コミュニケーション能力、③対人関係構築能力、④コンピテンシー（competency）の4つの要素が考えられる。

　①の専門能力は、自分が何をもとに仕事をするかという基本となるもので、これがなければエンプロイアビリティは生まれない。

　基礎能力が、どの仕事にも共通して必要になる能力であるのに対して、専門能力は、特定の仕事をするのに必要になる能力である。専門能力には専門知識と専門技術の二つがある。知識は幹に枝・実をつけるように広げていくこと、技術は師弟関係の中で真似ながら磨いていくことが重要である。知識と技術は専門力の両輪である。知識は理論と、技術は経験と言い換えられよう。この両輪には相互関係があり、知識を磨くことと技術を磨くことをバランスよく入り混ぜることで専門能力が高まってくる[3]。

　特定の領域に関する豊富な知識や経験、問題解決する際の創造性、論理性などは、高いエンプロイアビリティの基盤になる。

　②のコミュニケーション能力は、自分をプレゼンテーションする際の基本となる。自分は何ができるのか、自分は何をやってきたか、何をやりたいか、あるいは何者であるか、などについて、相手にとって必要十分な情報を魅力的に伝えられるかどうかは、雇い主を獲得できるかどうかの重要な点になる。優れた専門能力があったとしても、それを上手に相手に伝えることができなければ、雇われることはできない。

　③の対人関係構築能力は、多様性に対する適応性、動機付け、協調性などである。特に、適応力は、雇い主との間にあるギャップを埋めていく能力である。

　人事採用責任者が見極めるのは、専門能力が高いかどうかだけでなく、本当に自社のカルチャーに適応できる人材かどうかである。また、適応力は、単に相手に合わせる能力ではなく、一番大切なことを維持するために、その他の点

で自分を柔軟に変えていくことをいとわず、一方で、相互に啓蒙しあって、最適の着地点を見出す能力である。

　④のコンピテンシー[4]とは、特定の職務で高業績をあげ続けている人たち（ハイパフォーマー）の行動を観察したとき、共通して確認できる特性で、高業績の要因となっている能力のことである。コンピテンシーは、もともと職務分析の手法から生まれたものであり、特定の職務ごとに決定される。したがって、どんな人がその職務で優秀な成績をあげているのかを特性的に列挙したものがコンピテンシーということになる。優れたコンピテンシーの発揮は、本人の所属する組織の成果に貢献し、周りの人々に影響を与え、活性化をもたらすと考えられている。また、優れた人材は高いコンピテンシーを有し、それを共有の知的財産にすることで組織力の向上につながると考えられている。さらに、社内で優秀な成果をあげた人の持つ知識、スキル、行動特性を基準化したものをコンピテンシー・モデルと呼び、採用や登用、あるいは研修に活用される。

　〈図4－1〉で示したのはコンピテンシーの活用場面の一部であるが、今後このようなコンピテンシーで評価される、つまり優秀かどうかの判断がなされる機会が増えてくると考えられる[5]。

　以上挙げた4つの要素の多くは座学だけでは身に付け難いもので、実際の仕事を通してスキルとして習得していくため、漫然と仕事をするのではなく、目的意識を持って仕事をしていくことが肝要である。

（4）エンプロイアビリティの向上

　企業にとって個人のエンプロイアビリティの向上に努めることは、優秀な人材が流出する可能性を高めることにもなる。しかし、労働市場全体の質を高め、人材の適切な流動化を促すためにも、企業の社会的責任として受け止められてきている。

　一方、個人の側としては、自らが雇用され続けるためには自己責任においてエンプロイアビリティを高めていく必要がある。

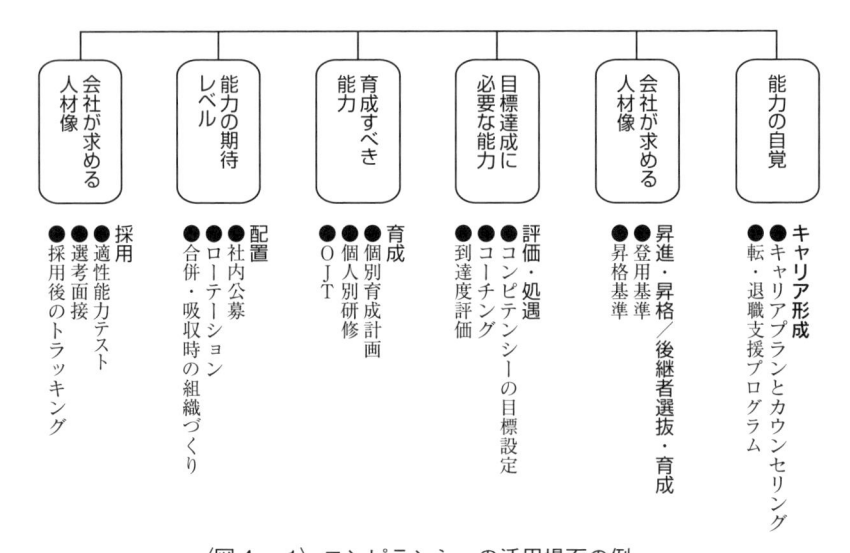

〈図4－1〉　コンピテンシーの活用場面の例
出所：ヘイコンサルティンググループ「コンピテンシーとは」
（http://www.haygroup.co.jp/competency/02.shtml）

2．日経連のエンプロイアビリティの形成を踏まえた「従業員自律・企業支援型」人材育成の提言

　日経連（日本経営者団体連盟、現日本経済団体連合会）もエンプロイアビリティに注目し、1999年4月に『エンプロイアビリティの確立をめざして－「従業員自律・企業支援型」の人材育成を－』という報告書（日経連教育特別委員会・エンプロイアビリティ検討委員会報告）を発表した。その概略は以下のとおりである。

　日経連は、日本の企業が現在おかれている状況や雇用制度、人事制度、これまでの慣行などを考慮して、エンプロイアビリティを「現在働いている企業等から他の企業等への労働移動を可能にする、企業の外部に通用する市場価値のある能力」という欧米流の概念（狭義のエンプロイアビリティ）に加えて、「現在働いている企業等において発揮され、継続的に雇用されることを可能にする、当該企業等内部での価値を有する能力」を加えたもの（広義のエンプロイ

アビリティ）として、「雇用され得る能力」と定義した。また、企業における人事政策として、企業活動や経営戦略，それに伴う人事政策等について、様々な経済・社会の変化に対して、フレキシブルに対応していくことが重要であり、企業と従業員の基本的な関係は、「従業員自律・企業支援」という考え方をとっている。すなわち、従業員の生活、雇用、キャリア形成等に関する決定は、従業員個人の主体的な選択によって行うが、企業はそのための積極的支援を行うというものである。

さらに、企業は従業員の雇用の確保を最優先としながらも、経済・社会の変化や企業の業容の変化に伴って、仕事の内容や雇用形態・雇用条件の変更を個人に求めることがある。一方、個人は、当該企業の変化に伴う、企業からの要請に対応して処遇の変更に応じたり、能力やスキル向上に努めることも必要になる。

エンプロイアビリティの養成は、本人の能力の分析と評価，キャリア開発についての相談（カウンセリング）と開発計画の策定、実行とフォローアップというプロセスで行われ、生涯を通じて能力開発を計画的に行っていくということで、キャリアプラン（career plan）の基本になる考え方である。

3．専門的な職業能力の習得

これから多種多様な生き方・働き方を自主的・自立的に選択し、自己の価値観・職業意識に適応する職域や仕事を求めて生きていくためには、他社や他分野でも通用するような専門的な職業能力の習得が不可欠である。

自ら会社を起こして事業を始める人、起業・ベンチャービジネスに挑戦する人は、何らかの専門的な職業能力なくしては何もできない。もちろん企業組織における個々人が職務遂行するにも、さらに他社や他分野に転職・移動するにも、何らかの専門的な職業能力が必要である。

従来型の企業の人事管理は、職能資格制度と年功序列をその礎としてきたが、それは3つの大きな前提の上に成り立っていた。第1は、社員の保有能力を評価し、入社して一定の年次になれば対応する等級で必要とされる能力が身に付いているはず、ということ、第2は、いったん身に付いた能力は経年して

もそのまま保有され続ける、ということ、第3は、年次が上がれば経験が増えている、ということである。また、従来型人事管理は、組織主導で、それはあくまでも会社側のニーズありきで、そこに社員をいかに当てはめるか、ということを考えることが最も重要な点であった[6]。

　しかし、急激な事業環境の変化やテクノロジーの革新等により、近年、企業組織は、一部のコア人材を除き、もはや長期ストック型雇用を前提とはせず、募集採用時から意欲と能力のある人材を求める傾向になってきた。しかも多くの場合は、「必要な質の人材を、必要な時に、必要な量のみ雇用」している。

　このような人材流動化・労働移動を前提にする時代には、他社や他分野でも通用する専門的な職業能力の習得と、そのための自己啓発・能力開発が不可欠である[7]。

　また、専門的な職業能力については、従来の専門性を深く掘れば周りも掘れてくるV字型や一般にいわれる一つの深い専門性を持ち、あとは広く浅くというT字型では今や足りない。専門は一つでは足らず、第2、第3の専門を持つ、π型、横E型が求められるようになったのである（〈図4－2〉）。

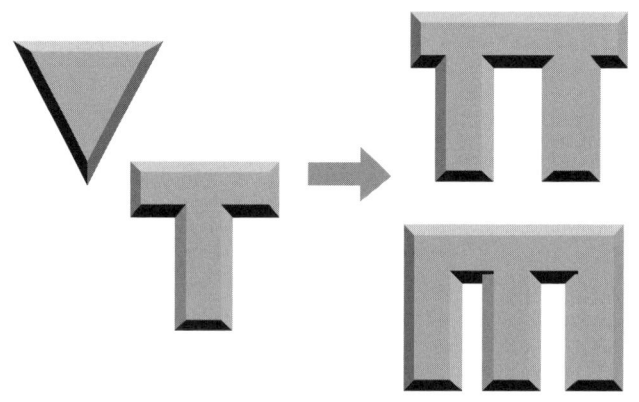

〈図4－2〉　T字型、V字型人材から、π型または横E型人材へ
　出所：小杉俊哉『キャリア・コンピタンシー』36頁（日本能率協会
　　　　マネジメントセンター、2004年）。

４．資格取得

（1）資格取得者増加の背景

　エンプロイアビリティを高めるため、資格や技能を取得するという自己啓発活動がかつてないほど高まってきており、また、社会人・会社員の職業能力開発のためのビジネススクールも増加している。

　資格を取得する人が増加している背景には、昨今の雇用環境の変化がある。

　労働環境・雇用環境が激変し、多くの会社員がいつリストラされるか分からないという雇用不安の中で、自己防衛手段として、自分の能力を証明するだけでなく、やる気と熱意を誇示するために資格を利用するようになったのである。

　また、人事制度が年功重視から成果主義、能力主義の色合いを濃くしているのと相俟って、社内公募制度や社内フリーエージェント制度など人事異動にも新たな試みがみられるようになってきた。こうした自ら希望する部署への異動が可能になる制度が導入される中で、資格によって自らの能力、やる気をアピールすることで、希望どおりの異動を実現しようとしている。

　さらに、会社員の資格取得へのニーズの高まりの中、1999 年 12 月に教育訓練給付金制度が導入されるようになったことが、資格ブームに拍車をかけている。

　資格は自分の専門性やキャリアを客観的に証明する物差しであると同時に、自分なりの生き方をしようとするときにセーフティネットの役割も果たしてくれるという特徴がある。

（2）資格の種類

　日本の資格には、国家資格、公的資格、民間資格の３種類がある。国家資格は、法律に基づいて、国の行政機関、地方公共団体そして国や地方公共団体によって指定された機関が与える資格である。国家資格は、技術や知識があるということで、国が認定したもので、社会的な信用度が高く、就職および転職時には有利な条件となる。

　公的資格は、試験や講習会を各省庁が認定し、財団法人、社団法人などが主催、実施して与える資格である。商工会議所が行っているものも公的資格になる。民間団体の主催であるが信用度や知名度の高い資格が数多くあり、取得した資格は公的に通用し、国家試験に準ずる資格なので、一定レベルの能力があることを保証できることから社会的評価は高い。

　民間資格は、民間団体や企業が、独自の審査基準を設けて任意で設定する資格である。企業によっては国家資格や公的資格と同様に知識や技能があるものとして広く認知されている資格や、直接職業に結びつく資格もあり、認知されている信用度、価値のレベルが高いほど資格取得が困難になっている。しかしながら民間資格は法律によって制度化されていないので、資格の有効度などの言葉を巧みに利用した商法も数多く存在するので注意が必要である。

（3）資格の分類方法

　資格は、その性格により、次の３つに分類することができる。

1）　業務独占資格

　これは、有資格者しか行うことができない業務が法律で規定されている国家資格である。業務独占資格の代表例としては、医師、看護師、弁護士、公認会計士、税理士、司法書士、行政書士、社会保険労務士、弁理士、不動産鑑定士、建築士などが挙げられる。これらは、いずれも有資格者でなければできない業務（例えば、医師の場合は医療行為、弁護士の場合は訴訟代理など）があり、無資格者がこれらの業務を行った場合は違法行為となる。そのため、業務独占資格は、資格を持っていること自体の価値が大きく、数ある資格の中でも安定して社会的ニーズがある。

2）　設置義務（必置）資格

　これは、業務独占以外のもので、一定の事業場等において、その資格を有する者のうちから管理監督者等として配置することが義務付けられている資格である。設置義務（必置）資格の代表例としては、宅地建物取引士、旅行業務取扱管理者、土木施行管理技師などが挙げられる。

3)　名称独占資格

　これは、業務独占資格、設置義務（必置）資格以外のもので、有資格者でなければその肩書きを名乗ってはいけないと法律で規定されている資格である。名称独占資格の代表例としては、保育士や中小企業診断士などが挙げられる。医師や看護師、弁護士、公認会計士などの業務独占資格と比較した場合、例えば、医師や看護師などの資格がない者が医療行為を行うことは法律で禁じられており、当然、無資格者が医師、看護師と名乗っても違法となるが、保育士の資格がない者が保育業務に携わっても違法ではないが、保育士と名乗ると違法となる。

　資格の分類については、そのほかに、試験を実施する機関によって分類する方法や試験の性格（採用試験型、免許付与型、技能認定型）によって分類する方法、各資格に関連する業務で分類する方法など多数の分類方法がある。

（4）資格の評価

　現代は、「企業価値よりも市場価値」と言われるように、特定の企業でしか通用しない能力よりも、どこに行っても通用するスキルが求められる時代であることから企業内外に通用する高度な難関資格の取得者については、市場価値により高く評価され、処遇される。

　また、多くの会社員がこうした資格を「自己防衛の手段」や「アピールの手段」として自発的に取得するのとは対照的に、企業が義務付け、または奨励している資格・検定も少なくない。労働政策研究・研修機構（旧日本労働研究機構）の「職業能力評価および資格の役割に関する調査」（1999 年 11 月発表）[8] によれば、義務付け、または奨励している資格・検定がある企業は 7 割弱あり、また、義務・奨励資格がある企業、職業能力評価の客観化・活用に取り組んでいる企業では、資格・検定が「社内の職業能力評価を補完する」という評価が 5 割前後に達している。さらに、企業において重視する資格として、技能士（技能検定合格者に付与される称号）を挙げている企業が最も多い。また、技能士を重視している企業のうち、約 3 割が月々の資格手当を支給し、約 1 割が技能士を昇格・昇進の前提条件とし（複数回答）、約 5 割が昇格・昇進の際に

有利に取扱うとするなど優遇措置を講じている。

（5）資格取得の留意点

　以上述べたとおり社会的評価の高い資格を取得することは、就職や転職、キャリアアップを図るだけでなく企業内の昇格・昇進などについても有効な手段であることは間違いないといえる。しかし、「資格さえ取得すればなんとかなるかも知れない」と思い込んで、できるだけ多くの資格を取得するのに奔走している資格マニアも少なくない。資格はそれぞれに資格としての特性と分野を持っており、その限られた分野で力を発揮するものである。したがって、最初に「資格取得ありき」ではなく、まず、自分のキャリア形成についてよく考えて、「なぜその資格を取得するのか」をその資格の特性と分野をよく理解した上で、資格を選ぶことが重要である。

　さらに、医師や弁護士や公認会計士でさえ、競争にさらされている。

　この資格さえあれば「一生安泰」という資格などない。最新の知識や技術を勉強しない医師は見放されるようになるし、依頼者に対して適法的な利益を提供できない弁護士や公認会計士も見放されていくことを踏まえて、資格取得後も一層の努力が求められることに留意すべきである。

COLUMN 4　「プラス感情」で心を満たす

　フランスの哲学者・思想家、ジャン＝ジャック・ルソー（Jean-Jacques Rousseau：1712年〜1778年）の名言集の中に「生きるとは呼吸することではない。行動することだ」という言葉がある。

　人生100年時代と言われる現在、医学の進歩によって誰でも長寿を手にすることができるようになった。しかし、病気で寝たきりになり、たくさんの管を体につけて身動きもできずにベッドの上にいる状態では長寿とは言えまい。これでは、単に命を長らえているだけである。

　ルソーが言うように、人生で大切なのは目的を持ち「行動」することであり、ただ生きていさえすればいいというものではない。健康で明るい人生を

送ってこその長寿であり、生きている甲斐があるというものである。

　健康で明るく活動している人は、一般に、人とのふれ合いを大切にし、生きがいというものを豊富に持っている。この人たちには次のような特徴がある。

① 自分が関わっている仕事が社会や人の役に立っているというプライドを持っている。

② 同性、異性、年齢を問わず大勢の人と交流がある。

③ 自分に安らぎや気晴らしをもたらす趣味を持ち、楽しんでいる。

④ 好奇心旺盛である。何でも見てやろう、聞いてやろうという姿勢でよく旅行などにも出かける。

⑤ 失敗することを怖がらず、まずは行動する。

⑥ どんな状況も楽しもうとする。

⑦ 自分に自信があり、堂々としている。

どれも元気が出そうで、実行できそうなことばかりである。

　まずは、「行動」を起こせば、心はプラス感情に満たされるということである。

出所：斎藤茂太『どんな時にも一人生を「前向き」に生きるコツ』88 ～ 90 頁（大和書房、1996 年）を基に作成（著者一部修正）。

注

1)　職能資格制度とは、企業組織の内で働く従業員を職務遂行能力により決定される資格等級（職能資格等級）によって格付けし、その資格等級を基準として従業員間の序列・地位を確立し、それに基づき人事管理を行おうとする制度である。これを導入している企業ではほとんどの場合、職能資格に基づいて給与が決定される。例えば、経理部の責任者である経理部長は役職であるが、責任者ではないが経理部において部長級の仕事をする人としての経理部長は職能資格である。職能資格は職務や役職に関係なく、従業員が保有していると思われる能力の程度に応じて資格が付与できることから、年功序列およびローテーションを基礎とする日本型人事制度を根底から支えてきたと言える。しかし、近年、年功的な運用がもたらす賃金と能力のミスマッチや課題形成能力や専門性の評価が困難になる等、様々な問題点が指摘されるようになってきている。したがって、今後は、職能資格制度によって培われてきた「人基準」による人事管理のメリットを残しながら、各企業の抱える問題点に応じて、これまでの、「人基準」による人事管理をより厳格に運用することや、徐々に「仕事基準」を付加していく取

り組みが必要とされる。

2)　厚生労働省「エンプロイアビリティの判断基準等に関する調査研究報告書」（2001年 7 月）。（http://www.mhlw.go.jp/houdou/0107/h0712-2.html）

3)　大久保幸夫『キャリアデザイン入門〔Ⅱ〕専門力編』60 〜 61 頁（日本経済新聞、2006 年）。

4)　コンピテンシーは、アメリカでは、もともと心理学において、「高業績者の成果達成の行動特性」と定義されていた概念が人材管理の場に導入されたものである。人材管理の場合では、コンピテンシーとは、ある状況または職務において高い業績をもたらす類型化された行動様式（性向、態度、知識・技能などを効果的に活用して実際に成果を達成する行動様式）として理解されている。なお、コンピテンシーの構成要素の中には、教育訓練等によって改善可能な部分と性向のように本人固有の属性の部分が存在する。また、イギリスにおいてもコンピテンシーが人材管理に取り入れられているが、イギリスでは「コンピテンス」と「コンピテンシー」が使い分けられており、両者の二階建て方式となっている。人材管理の場において「コンピテンス」とは、「職務における諸活動を期待される標準程度にはできる能力」を意味し、具体的には、NVQ（National Vocational Qualification：全国職業資格）制度で求められる能力を指すのに対し、「コンピテンシー」はアメリカと同様に高業績者の行動特性を指す（厚生労働省「エンプロイアビリティの判断基準等に関する調査研究報告書」（前掲注 2））。（http://www.mhlw.go.jp/houdou/0107/h0712-2.html）

5)　伊藤健市「会社はこんな人材を求めている」渡辺俊編著『大学生のためのキャリア開発入門』72 頁（中央経済社、2005 年）。

6)　小杉俊哉『キャリア・コンピタンシー』22 頁（日本能率協会マネジメントセンター、2004 年）。

7)　渡辺峻筆「あなたに求められる 4 つの能力開発」渡辺峻編著『大学生のためのキャリア開発入門』〈第 2 版〉25 頁（中央経済社、2008 年）。

8)　労働政策研究・研修機構の「職業能力評価および資格の役割に関する調査」の調査対象は、帝国データバンクの企業データベースを基に、全国・全業種から、従業員規模 30 〜 299 人の企業 2,500 社（中小企業）および従業員規模 300 人以上の企業 2,500社（大企業）を抽出したものである。調査方法は、郵送アンケート調査で、調査時期は、1998 年 10 月下旬〜 12 月上旬である。（http://www.jil.go.jp/press/rodo_joken/991104.html）

第 5 章
企業等で求められる人材

　各種調査によると、企業等が採用時に重視する主な能力として、責任感、積極性、行動力、コミュニケーション能力、バイタリティ、基礎学力、実行力、ビジネスマナーなどがあるが、本章では、社会人基礎力、日本経団連（日本経済団体連合会）、産経新聞社・駿台教育研究所および労働政策研究・研修機構がそれぞれ実施したアンケート調査結果についてみていくこととする。

1. 社会人基礎力

　社会人基礎力とは、「前に踏み出す力」、「考え抜く力」、「チームで働く力」[1] の 3 つの能力（12 の能力要素）から構成されており（図 5 − 1 参照）、「職場や地域社会で多様な人々と仕事をしていくために必要な基礎的な力」として、経済産業省が 2006 年から提唱しているものである。

　さらに、経済産業省は、「人生 100 年時代の社会人基礎力」（新・社会人基礎力）を「これまで以上に長くなる個人の企業・組織・社会との関わりの中で、ライフステージの各段階で活躍し続けるために求められる力」と定義し、社会人基礎力の 3 つの能力（12 の能力要素）を内容としつつ、能力を発揮するにあたって、自己を認識してリフレクション（振り返り）しながら、目的、学び、統合のバランスを図ることが、自らキャリアを切りひらいていく上で必要と位置付けている[2]。

　現在、企業や若者を取り巻く環境変化により、「基礎学力」、「専門知識」に加え、それらをうまく活用していくための「社会人基礎力」を意識的に育成していくことが今まで以上に重要となってきている。

　社会人基礎力については、学生生活のあらゆる機会（授業、フィールドワーク、読書、レポート、課外活動、ボランティア等）を通じて、養成することが可能である。学生生活を楽しく充実させながら、多くの学びを得て、将来の職業

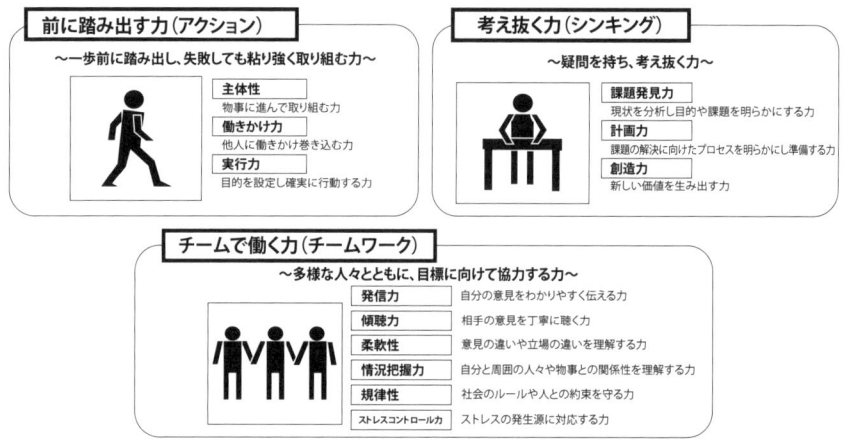

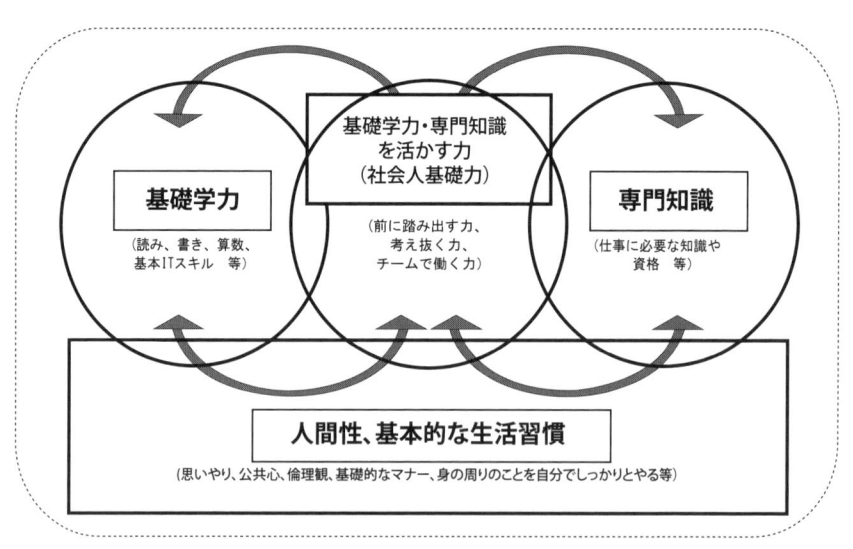

〈図5−1〉「社会人基礎力」

出所：経済産業省「社会人基礎力」。（http://www.meti.go.jp/policy/kisoryoku/）

（キャリア形成）の準備を進めることが大切である。

2．日本経団連の「産業界の求める人材像と大学教育への期待に関するアンケート」結果

　日本経団連（日本経済団体連合会）が 2011 年 1 月に発表した「産業界の求める人材像と大学教育への期待」に関するアンケートの結果[3]によれば、大学生の採用にあたり企業が重視する素質・態度、知識・能力としては「主体性」、「コミュニケーション能力」、「実行力」、「チームワーク・協調性」となっている。

　一方、最近の大学生に不足していると思われる素質・態度に関しては「主体性」を挙げる回答が最も多く、「職業観」、「実行力」が続いている。また、最近の大学生に不足していると思われる能力・知識については、「創造力」を挙げる回答が最も多く、「産業技術への理解」、「コミュニケーション能力」が続いている。

　企業が重視しているコミュニケーション能力については、企業の学生に対する評価が低いことが確認された。

　さらに、文科系、技術系・理科系の大学生・大学院生を採用する立場から、大学教育に期待するものとしては、文科系・理科系を問わず、「論理的思考力や課題解決能力を身に付けさせる」、「チームを組んで特定の課題に取り組む経験をさせる」、「実社会や職業とのつながりを理解させるような教育」を指摘する回答が多かった。

　他方、技術系・理科系では、「専門分野の知識を身に付けさせる」、「専門分野に関連する他領域の基礎知識も身に付けさせる」を指摘する回答が多く、文科系と比べて、大学教育を通じて専門分野や専門関連分野の知識を習得することへの期待が高いことが確認された。

　なお、グローバルに活躍する日本人人材に求められる素質、知識・能力として最も多く指摘されたのは、「既成概念に捉われず、チャレンジ精神を持ち続ける」ことであり、次いで「外国語によるコミュニケーション能力（語学力に加え、相手の意見を聴いた上で、自分の意見を論理的にわかり易く説明する能

力）」、「海外との文化、価値観の差に興味・関心を持ち、柔軟に対応する」が上位となっている。

3. 日本経団連の「新卒採用に関するアンケート調査」結果

日本経団連が 2018 年 11 月に発表した「新卒採用に関するアンケート調査」結果[4]によれば、企業が採用選考にあたって重視した要素を 20 項目[5]から 5 つ回答する設問では、「コミュニケーション能力」（82.4%）が 16 年連続で第 1 位となった。以下、「主体性」（64.3%）、「チャレンジ精神」（48.9%）、「協調性」（47.0%）、「誠実性」（43.4%）の順に続き、上位 5 項目の順位に変動はなかった。

近年、「コミュニケーション能力」と「主体性」の比重が高まっており、企業が採用選考にあたって、これらの要素をより重視していることがうかがえる。

さらに、求める人材イメージの公表方法としては、「企業説明会における説明」（90.6%）が最も多かった。

4. 産経新聞社・駿台教育研究所の「時代が求める人材像に関するアンケート調査」結果

産経新聞社・駿台教育研究所は、グローバル時代・高度情報化社会を生き抜いていくために企業が必要としている若者像、予測困難な時代のなか、大学における人間教育・人材育成の目指すべき方向性を探ることを目的に、「時代が求める人材像」調査を企業と大学を対象に実施した[6]。

調査のなかで、「時代が求める人材を育てるうえで、大学が最も重視すべきだと考えているキーワードは何か」の質問に対する回答（自由記述）として、大学・企業とも、受身の姿勢からの転換を期待する「主体性・自主性・自立性」が最も多く、企業は全体の 2 割を超えた（21.0%）。大学が「学び」の姿勢の強化を、企業は「行動する」姿勢を、今後の人材育成の重点に置くべきと考えている傾向がみられる（〈表 5 - 1〉）。

〈表5－1〉「時代が求める人材」を育てるうえで、大学が最も重視すべきと考えるキーワード（大学と企業からの回答）

キーワード	大　学		企　業	
主体性・自主性・自立性	12.7%	①	21.0%	①
グローバル・国際化	12.4%	②	11.4%	③
行動力・実践力・即戦力	9.4%	⑤	12.4%	②
専門性	10.7%	③	8.6%	④
基礎学力・教養	10.4%	④	7.6%	⑤
総合力・人間力・人間性	9.1%	⑥	5.8%	⑥

注：○内の数字は6つの要素の中の順位である。

出所：産経新聞社・駿台教育研究所「時代が求める人材像に関するアンケート調査結果」
　　　2頁（2012年9月）を基に作成（著者一部修正）。

5. 労働政策研究・研修機構の「構造変化の中での企業経営と人材のあり方に関する調査」結果

　労働政策研究・研修機構が2013年12月に発表した「構造変化の中での企業経営と人材のあり方に関する調査」結果—事業展開の変化に伴い、企業における人材の採用・活用、育成戦略は今、どう変わろうとしているのか—[7] によれば、若年者の正社員採用で重視している能力・資質については、過去（1990年代）および現在とも、「仕事に対する熱意・意欲、向上心」を挙げる割合がもっとも高くなっている。これに、「積極性、チャレンジ精神、行動力」「組織協調性（チームワークを尊重できる）」などが続いている。

　そのうえで、全22要素[8] のうち1990年代と比較して減少したのは「最終学歴」（マイナス3.3ポイント）や「従順性」（マイナス3.0ポイント）、「学業成績」（マイナス2.9ポイント）など4つにとどまる。代わりに、「コミュニケーション能力」（プラス14.3ポイント）をはじめ、「積極性、チャレンジ精神、行動力」（プラス10.1ポイント）、「仕事に対する熱意・意欲、向上心」（プラス8.7ポイント）、「創造性、発想力、提案力」（プラス8.4ポイント）など16要素で、軒並み重視度合いが高まっている。若年者の正社員採用時に求められる能力・資質は、その内容も時代とともに着実に変わりつつある点が特徴

である。

COLUMN 5 企業が採用したい学生とは

キーワードは、①チームの一員、②前向きな姿勢、③長所と短所を自覚、④ゼミでの研究テーマ、⑤会社を知ること、この５つである。

①**チームの一員**：会社の今後の成長に貢献してくれる仲間という意味である。学生たちは就活での競争に勝ち抜くことばかりに気を取られて、入学試験と同じような感覚で内定という合格に向けた対策ばかりを必要な準備と考えている。仲間として選ばれることをもっと意識すべきである。

②**前向きな姿勢**：会社の仲間は仕事上の課題にいつも協力して前向きに取り組んで行く必要がある。バイトではなく正社員なら、簡単な仕事は回ってこない。愚痴を言ったり、失敗を恐れてチャレンジ精神を失ったりしてしまうと、仲間の足を引っ張ってしまう。そのため、面接でも前向きな発言が求められる。

③**長所と短所を自覚**：現実の問題としては、誰でも得意なことと不得手なことはある。「自分には欠点はない！」と傲慢に振る舞っている人とは誰も付き合いたくない。かといって、「自分は何をやってもダメ！」と暗いことばかり言う人とも付き合いたくはない。自分の短所や欠点を素直に認めて、できるだけの努力をしていれば、きっと誰かがサポートしてくれる。自分が得意なことで他人をサポートできれば、「良いチーム」「強いチーム」の一員になれるわけである。

④**ゼミでの研究テーマ**：少人数でゼミでの研究テーマに沿って、ゼミの仲間と互いに良い刺激を与え合って、卒業論文という成果を出すためには、自分が主体的に研究テーマに取り組み、教員からの指導を上手く引き出し、仲間へのアドバイスにも心がけるべきである。専門ゼミでの２～３年間をどのように過ごしているかについての企業の人事担当者は大いに関心がある。それは、「研究の内容」に興味がある以上に、「仕事感覚」を養っているかどうかをチェックしたいためである。

⑤**会社を知ること**：「会社を知る」というのはエチケットの問題である。相手のことを何も知ろうとせずに付き合うのは礼を失してしまう。志望先の経営状況や方針などよく調べて、会社が抱えている課題などについても意見が言え

るように準備しておく必要がある。

出所：神戸学院大学『Business C³』13 頁（2015 年）、その他資料を基に作成（著者
　　　一部加筆修正）。

注

1)　経済産業省が実施した調査によれば、企業人事担当者が学生に不足している能力と
して「主体性」「粘り強さ」「コミュニケーション能力」といった、チームで円滑に働
くための基礎能力を挙げた。一方、学生が自分に不足している能力は、「語学力」、「業
界に対する専門知識」「簿記」、「PC スキル」等のビジネススキル的な能力を挙げた（経
済産業省「大学生の『社会人観』の把握と『社会人基礎力』の認知度向上実証に関す
る調査」2010 年 6 月）。
（http://www.meti.go.jp/…/201006daigakuseinosyakaijinkannohaakut…）
2)　経済産業省「人生 100 年時代の社会人基礎力について」（2018 年 2 月）。
（http://www.meti.go.jp/committee/…/sansei/…/007_06_00.pdf）
　　「人生 100 年時代」や「第四次産業革命」の下で、2006 年に発表した「社会人基礎力」
はむしろその重要性を増しており、有効であるが、「人生 100 年時代」ならではの切
り口・視点が必要となっていた。こうした状況を踏まえ、経済産業省は、2017 年度に
開催した「我が国産業における人材力強化に向けた研究会」において、これまで以上
に長くなる個人の企業・組織・社会との関わりの中で、ライフステージの各段階で活
躍し続けるために求められる力を「人生 100 年時代の社会人基礎力」と新たに定義し
たということである。
3)　日本経団連は企業が求める人材の素質・能力や大学生が社会に出るまでに身に付け
るべき知識、職業意識、人材育成に向けて大学や企業に求められる取り組み、産業界
と大学間の連携の実態などについてアンケートを行った。調査対象は日本経団連会員
企業 1,283 社、地方別経済団体加盟企業（非会員）である。実施期間は 2010 年 9 月
15 日～ 11 月 1 日、回答数は 596 社で、経団連会員企業 310 社（回答率 24％）、非経
団連会員企業 286 社である。
4)　日本経団連は 2018 年 11 月 22 日、「新卒採用（2019 年 4 月入社対象）に関するア
ンケート調査」の集計結果を公表した。同調査は、大卒新卒者等の採用選考活動を総
括することを目的として、2018 年 7 ～ 9 月に会員企業を対象に実施し、597 社から回
答を得た（回答率 43.4％）。2019 年 4 月入社の採用選考活動を実施した企業の割合は
98.0％と、前年に比べ 0.4 ポイント減少したものの、高水準で推移している。また、新
卒採用市場に関する評価について、「前年と変わらない」（17.8％）が前年に比べて 5．1

ポイント増加しているものの、「前年より売り手市場（学生側が有利)」(81.7％）とする回答が 3 年連続で 8 割以上となった。

(https://www.keidanren.or.jp/policy/2018/110.pdf)

5)　本調査で対象とする 20 項目とは、重視した順に、①コミュニケーション能力、②主体性、③チャレンジ精神、④協調性、⑤誠実性、⑥ストレス耐性、⑦論理性、⑧責任感、⑨課題解決能力、⑩リーダーシップ、⑪柔軟性、⑫潜在的可能性（ポテンシャル)、⑬専門性、⑭創造性、⑮信頼性、⑯一般常識、⑰語学力、⑱履修履歴・学業成績、⑲留学経験、⑳その他となっている。なお、かつては、出身校や保有資格が重視した項目の中に含まれていたことがあったが、近年は、項目の中に入らず、ほとんどの企業はこれらを重視していないことが示されている。

6)　「時代が求める人材像」の調査用紙は 2012 年 5 月末（調査時期は 5 月～ 7 月）に、東証 1 部上場企業 900 社と全国の 4 年制大学 749 大学に発送し、106 社、338 大学から回答を得た。回答率は企業 11.8％、大学は 45.1％である（産経新聞社・駿台教育研究所「『時代が求める人材像』に関する調査結果」(2012 年 9 月))。

7)　労働政策研究・研修機構は 2013 年 12 月 18 日、「構造変化の中での企業経営と人材のあり方に関する調査」結果―事業展開の変化に伴い、企業における人材の採用・活用、育成戦略は今、どう変わろうとしているのか―を公表した。調査の目的は、①企業における事業再編の実施状況と今後の見通し、②企業が求める人材像（正社員、若年者)、③採用・育成、雇用管理戦略の変化等を明らかにすることである。調査の対象は、民間信用調査機関所有の企業データベースを母集団とし、経済センサスの構成比に基づき、産業・規模別に層化無作為抽出した全国の従業員 30 人以上の企業 2 万社で、2013 年 2 月 22 日～ 3 月末日（2 月 1 日時点の状況を把握）に実査し、2,783 社(13.9％）から有効回答を得た。

(http://www.jil.go.jp/institute/research/2013/111.htm)

8)　本調査で対象とする全 22 要素とは、①業務に役立つ専門的な知識や技能、②業務に役立つ資格や免許、③業務に役立つ職業・就労経験、④仕事に対する熱意・意欲、向上心、⑤積極性、チャレンジ精神、行動力、⑥創造性、発想力、提案力、⑦理解力、情況判断力、⑧従順性、⑨勤勉性、⑩規律性（ルールを守れる)、⑪自社の社風への親和性、⑫組織協調性（チームワークを尊重できる、⑬ＩＴ技術の活用能力、情報収集力、⑭語学力、⑮コミュニケーション能力、⑯職業意識・勤労観、⑰社会常識やマナー、⑱一般教養、⑲学業成績、⑳体力、忍耐力、㉑最終学歴、㉒その他である。

第 6 章
職業とキャリア

1．職業の意義

（1）職業の定義

　職業という言葉は、18 世紀も前葉までは西川如見[1] や杉田玄白[2] など少数であったが、中葉から幕末維新期には洋学者・国学者・漢学者を問わず多用されるようになった。しかし文字どおり近代的な職業概念へと昇華されていくには、福沢諭吉の見識を仰がざるを得なかったようである。福沢諭吉は 1866 年（慶応２年）に『西洋事情』を著し、その中で今日言われる職業に「上下貴賤の差別なし」の考え方を打ち出し、職業選択の自由を謳った[3]。

　広辞苑によると職業の定義は「日常従事する業務。生計を立てるための仕事」とされている。また、総務省の日本標準職業分類によるとその定義は次のようになっている[4]。「職業とは、個人が行う仕事で、報酬を伴うか又は報酬を目的とするものを言う。仕事とは、一人の人が遂行するひとまとまりの任務や作業を言う。また、報酬とは、賃金、給料、利潤（個人業主）、その他名目のいかんを問わず、労働への対価として給されたもの言う。」

　つまり職業とは、広辞苑のとおり「生計を立てるための仕事」ということになる。また、職業とは、多くの職務[5] のうち、職務を遂行するのに必要とされる知識や技術、技能などが共通しているとか、類似しているかということからまとめたものを言っている。例えば銀行員などは職業名ではない。職業は、個人の活動種類を表し、同じ銀行に勤務していても、職業としては、管理的職業従事者、事務従事者、保安職業従事者などがある。英語では職業とは、occupation とか vocation と言われているが、前者は社会制度上または社会分業的な意味で用いられ、後者は個人的・心理的な意味で用いられている[6]。

（2）職業の3要素

1）　職業における3つの分

　尾高邦雄の『新稿職業社会学』によれば、職業は個性の発揮、役割の実現および生計の維持という3つの要素に関係付けられているということである。また、これらの3要素への関係が調和的であるとき、職業はその理想形態を得ることができる。すなわち、個性の発揮と役割の実現と生計の維持との間に一定の均衡関係が存在することが、職業の理想形態の条件である[7]としている。

　さらに、この3要素は職業という同じ一つのことがらの3つの側面であるが、このことを明らかに示しているのは「分」という言葉であると尾高は説く。この言葉は次のような3つの意味を持っている。分はまず個性あるいは能力の分を意味する。例えば「性分に合わぬ」とか「天分がある」とか言う場合がそれである。また、それは役割あるいは寄与の分を意味する。例えば「職分を果たす」とか「本分を全うする」とかいう場合がそれである。さらにそれは生計あるいは報償の分を意味する。例えば「応分の生活」とか「過分の賞与」とかいう場合がそれである。職業はこれらの3つの分を実現する過程にほかならないということである。

　また、職業における3つの分は、一貫した相応関係に立っているが、ただこれらの3つの分の中で、この一貫した度合いを決めるものは、常に能力および寄与の度合いである。つまり報償—したがって生計—の度合いは、常にある職業において要求される能力（個性）およびその職業において果たされる寄与（役割）如何によって決定される。だから、もしある職業に従事する人々が、そこで要求される能力やそこで果たされる寄与に比して著しく高いと考えられる報償を与えられ、したがってそれにふさわしくないと考えられる生活をほしいままにしている場合には、その報償や生活は、しばしば「過分」の報償であるとか、「分不相応」の生活であるとか言われるのである。

　能力や寄与の度合いについては、我々はそれが「過分」であるとか「応分」であるとか言うことはできない。この意味において、職業における3つの分は、基準的な2つの分と、随伴的な1つの分とからなっていると言うことができる。実際の心理の上では、多くの場合この随伴的な分—すなわち報償や生計

の度合い―の方が重要視され、いかにしてこれを高めるかに主要な関心がおかれるのであるが、それにもかかわらず、我々の職業活動に対する評価は、常に能力および寄与の如何によって決せられるのである。

2) 社会・職業・個人の関係

さらに、尾高は、「職業は社会生活における個人の役割であり、個人を社会の成員として資格付ける。職業が『分』に相当するならば、社会は『全』に、個人は『個』に相当する。元来分は全と個の媒介者である。社会（全体）は職業を通じて個人（個体）の中に体現され、個体は職業を通じて全体に体現される。その意味で職業は個人と社会をつなぐ結節点であり、社会・職業・個人の関係は全・分・個の関係にほかならない」[8)]と論ずる。

２．職業の理解

（1）職業理解の手順

1) 職業理解とは

職業理解とは、職業、産業、事業所、雇用・経済・社会状況を理解することである。これから就職する者はできるだけ多くの職業やキャリア情報を入手し、それを的確に理解し、吟味して進路選択やキャリア形成に活用することが重要である。職業理解という観点からキャリアや職業の選択の手順を整理すると次のようになる[9)]。

① 自分の興味や関心、適性を明らかにして、どのような人生を送りたいかを決める。職業に就く目的を明確にする。

② 産業や職業について、幅広く情報を集め、理解を深める。

③ 希望する職業の内容について吟味する。

④ 自分の興味、関心、適性および希望などとのかかわりについて吟味する。

⑤ その職業の具体的求人事業所等を選択し、その条件や内容を調べる。

⑥ 選択した事業所等に応募し、採用選考を受ける。

以上が職業理解の手順であるが、社会には約３万の職業が存在すると言われている。職業を理解する第一歩は、どのような職業が、どのような関係を持っ

て存在するのかその全体像をできるだけ幅広く理解することである。そのためには職業情報を活用することが重要である。

2)　職業情報の内容

職業情報の内容としては一般に次の項目が挙げられる。

①仕事の責任と内容、②作業環境と条件、③従事者の資格・要件、④社会的、心理的要因、⑤入職のための必要条件、⑥その他の特別な必要条件、⑦入職の方法、⑧賃金その他の手当て、⑨昇進の可能性、⑩雇用の見通し、⑪経験や探索の機会、⑫関連職業、⑬教育、訓練の資源、⑭追加情報の資源等である。

また、ある職業はいろいろな産業の中に存在する。したがって、職業と並んで産業の世界を理解することも大切である。我々が職業を選択する場合、調理人などの仕事の内容から選ぶ場合と、サービス業などの業種すなわち産業から選択する場合と両方があるからである。

さらに、職業、産業を検討した後は具体的な勤務先事業所を選択することになる。したがって、事業所情報を入手することが必要となる。

3)　事業所情報の内容

事業所情報の内容としては、一般に次の項目が挙げられる。

①地理的条件（地元か、他地域かなど）、②事業所の形態（民間か、公務かなど）、③企業規模（大企業か、中小・中堅企業かなど）、④業種（製造、商社、金融、サービスなど）、⑤勤務形態（勤務時間、週休制など）、⑥経済的条件（賃金、昇給など）、⑦企業の将来性、成長性など、⑧職業自体の専門性（必要な資格、専攻など）、⑨職務の内容、⑩福利厚生（労働・社会保険、財産形成、医療、文化・体育、保養施設など）、⑪業界内での評価、評判、⑫転勤の可能性等である。

なお、職業紹介を行うにあたって、個々の事業所別に事業所に関する情報を記述したのが求人票である。それに対して、個人は自分の興味、関心、適性、希望との関連で職業や事業所を理解し、選択することになるが、個人の情報を記述したものが求職票である。

（2）職業情報の理解

前述の職業、産業、事業所情報はキャリア選択のための基本的 3 情報であるが、それだけでは十分ではなく、その他キャリア関連情報も必要である。一般に次のようなものがある [10]。

① 　職業に関する基本的な考え方（職業とは何か、働くことの意義、人生設計の立て方、職業生活や社会生活の仕方など）

② 　職業に関連した自己の個人的特性（職業との関連での自分の興味、適性、価値観、希望など）

③ 　雇用、労働市場に関する情報（産業構造、経済状況、景況、労働力人口、労働力需給状況、求人・求職・就職状況など）

④ 　職業に就くための手段・方法（能力開発・職業訓練の方法や資源、職業紹介・職業指導を受ける方法や資源、労働力需給システム、就職活動のルール、履歴書・職務経歴書・キャリアシート、アピールポイントの書き方、面接の受け方など）

⑤ 　就職促進のための各種の援助・助成制度（雇用保険、職業能力開発、自己啓発のための援助助成制度、高齢者・障害者のための就職援助助成制度、女性のための再就職援助助成制度、ベンチャー企業など起業家のための助成制度、失業なき労働移動支援、育児・介護休業のための支援など）

⑥ 　職場適応に関する情報（職場定着のための人事・労務管理と方法、労働条件管理のあり方、労働安全衛生対策、心と身体の健康維持対策、快適職場づくりなど）

３．職業の種類

（1）職業分類

1）　日本標準職業分類と厚生労働省編職業分類

日本における主な職業分類体系としては、日本標準職業分類（総務省統計局、2009 年 12 月統計基準設定） [11] と厚生労働省編職業分類（2011 年 6 月改訂） [12] の 2 つがある。

日本標準職業分類は、総務省が実施する各種統計調査に使われており、厚生

労働省編職業分類は、ハローワークでの職業紹介・指導のために作成されたものである。実際には、この2つの分類をベースとして様々な職業名、職種名が使われている。時代の変化とともに新たに生まれる職業、世の中で流行した呼称により一般化した職業名、企業個々の求人情報に基づく職業名など名称、仕事の中身も常に変化している。

　職業分類は、個人が従事している仕事の類似性に着目して区分し、それを体系的に配列したものである。日本標準職業分類の仕事の内容の類似性を示すと、次のようになっている。

① 　仕事の遂行に必要とされる知識又は技能
② 　事業所又はその他の組織の中で果たす役割
③ 　生産される財・サービスの種類
④ 　使用する道具、機械器具又は設備の種類
⑤ 　仕事に従事する場所及び環境
⑥ 　仕事に必要とされる資格又は免許の種類

日本標準職業分類は、仕事の種類ないしは仕事の技術的な内容に焦点がおかれている。いわば、どんな能力を駆使し、どんな手段を行使し、何を作りまた産出しているのか、それはどこにおいてかという観点でなされている職業区分である。

　日本標準職業分類では、「職業分類における職業とは、個人が行う仕事で、報酬を伴うか又は報酬を目的とするもの」と定義している。「ただし、自分が属する世帯の家業に従事している家族従業者が行う仕事は、報酬を受けているかどうかにかかわらず、一定時間（例えば、一日平均2時間、あるいは通常の就業者の就業時間の3分の1以上の時間等）当該仕事に従事している場合には、その仕事を職業とみなす」としている。

　一方、厚生労働省編職業分類では、「職業分類における職業とは、職務・職位・課業によって構成される概念であり、職務の内容である仕事や課せられた責任を遂行するために必要な知識・技能などの共通性又は類似性によってまとめられた一群の職務」と定義している。

　いずれの職業分類においても、昨今の時の流れは1年ごとに目に見えるほど

の急激な変化を遂げているため、陳腐化を避けるためには適宜見直しを図って
いく必要がある。

2）　日本標準職業分類と厚生労働省編職業分類の違い [13]

　日本標準職業分類は統計法に基づく統計基準として設定されており、公的統
計において職業別統計をまとめるときはこれを使用しなければならないもので
ある。

　また、日本標準職業分類は、統計の結果を表示するための分類であり、個々
の職業を認定するものではない。

　一方、厚生労働省編職業分類は、職業紹介事業等に利用されるものである
が、大分類、中分類、小分類は日本標準職業分類に準拠して設定されている。

　細分類は、厚生労働省編職業分類に固有のものであり、職業紹介業務等に使
いやすいものとなるよう、ハローワークの求人求職取扱い状況の利用実態を見
て設定されている。

（2）職種と業界

　まず、職種とは文字どおり仕事の種類のことで、仕事の内容・性質・範囲に
よって区別される。さらに様々な分け方があるが、ここでは、大きく営業系、
事務系、専門系、技術系に分類し代表的な職種（業務内容）を挙げることとす
る（〈表7－1〉）。

　営業系の仕事は、顧客の現状を把握し、商品・サービスに関する基本的な知
識・情報の提供を行い、見積り・交渉・契約を経て納品・提供を行い、代金が
入金されるまでのすべてに関係する。完成品を提供する販売型営業のほか、顧
客の求めるものを企画・提案する提案型営業・ソリューション型（問題解決
型）営業がある。

　事務系の仕事は、業種の違いに関係なく、企業が円滑に機能するために必要
な仕事である。例えば、社員の福利厚生や給与について、採用や配属から各種
研修、会社の資金運用、売上げや経費のことなど、会社が活動することで必ず
発生するこれらの仕事を担っている。

　専門系の仕事は、幅広い分野に存在する。例えば、マスコミ、福祉、教員、

〈表7－1〉 職種の分類

分類	代表的な職種（業務内容）	コメント
営業系	営業（法人向け・個人向け）、販売（店舗販売・無店舗販売・訪問販売）、MR（medical representative：医薬情報担当者）、セールスエンジニア（sales engineer: 技術営業職）など	①扱う商品・サービス・取引先・形態によって業務内容は異なる。 ②相手との信頼関係を築くコミュニケーション能力や相手にとって最適な解決策やプランを打ち出す提案力が求められる。
専門系	秘書・司書・教員・客室乗務員（flight attendant、cabin attendant ※）、記者、ライター、ケースワーカー、養護施設職員、オペレーター、アナウンサー、カウンセラー、弁護士、弁理士、司法書士、公認会計士、税理士、不動産鑑定士、ツアーコンダクター、デザイナーなど ※ cabin attendant（CA）は、和製英語で、正式名は flight attendant（FA）または cabin crew である。	①教育・研修・資格取得が前提となる職種がほとんどである。必要な条件を確認する必要がある。 ②特定の業界にだけある職種で、高度な専門知識やスキルが求められる。
事務系	人事、労務、総務、庶務、経理、会計、販売促進、広報、宣伝、マーケティングなど	①企業が円滑に機能するために必要な仕事である。 ②事務処理能力や対人折衝能力が求められる。
技術系	SE（system engineer：システムエンジニア）、ネットワークエンジニア、プログラマー、カスタマーエンジニア、生産管理、品質管理、生産技術、設計、測量、積算、施工管理、基礎研究、応用研究など	①主に理工系学生が中心であるが、SE などは文系学生の採用も積極的に行う企業もある。 ②正確に一定の手順で管理する能力やシステムに関する専門スキルが求められる。

注：組織上の職位で管理職（例えば、課長・マネージャー・ディレクター・部長など）と一般社員という区分もある。

出所：ディスコ編『就職ガイドブック「Pursue」』40 頁（ディスコ、2012 年）、その他最新の資料を基に作成。

法曹など、それぞれの業界内で必要となる専門的スキルや資格を身に付けて働く人達すべてが専門系と言える。専門系には、あらかじめ免許や資格を取得することが前提となる仕事（小・中・高校の教員、アクチュアリー、公認会計士、税理士、不動産鑑定士等）と、入社後の研修を経て携わる仕事（アナウンサー等）、入社後に経験を積みながら資格取得を目指す仕事、特別な研修や資格はなく自分の経験とスキルを活かして働く仕事（コピーライター、各種デザイナー、記者、撮影スタッフ等）がある。

　技術系の仕事の多くは、メーカーや情報処理・ソフトウエア業界が中心である。仕事の内容としては、製品を作るメーカーやハード関連を担当する会社（部門）とソフトウエア関連を担当する会社（部門）に分けられる。メーカーやハード関連では、応用研究や製品設計・開発・品質管理など実際に製品を作るために必要となる仕事で、かなり高度な専門知識が必要である。ソフトウエア関連は、コンピュータというハードを便利に活用するためにソフト（システム）を構築することや、社内のネットワーク環境の構築などをする仕事である。職種としては、システムエンジニアやネットワークエンジニアなどがある。また、技術系の仕事としては食品系や医薬品系などの業界で研究開発関連の職種がある。

　次に、業界とは共通する事業を行っている企業の集まりを言う。つまり、事業内容の種類による区分が業種であるが、その同じ業種（事業）に従事し集まったものが業界である。業界については、日本経済新聞、日経会社情報（日本経済新聞社発行）、就職四季報（東洋経済新報社発行）などにより各々分類されている。ただし、企業というのは生き物であるから、常に業態を変化させており、従来の業界区分には当てはまらないビジネススタイルが増えている [14] ことも留意すべきである。

　業界は、①ものをつくる、②ものを売る、③サービスや情報を提供する、④社会基盤を整備する、⑤資金を動かす、の５カテゴリーに大別できる [15]。

　業界の例を〈表 7 - 2〉に示すこととする。

〈表7－2〉業界の例

5カテゴリー	業　界	概　　要
①ものをつくる	食品・飲料	生活に不可欠な食料品を供給する産業であるため、景気に左右されない安定した業界と言える。大別すると、食料品製造と飲料製造に分けられる。
	繊維・アパレル	繊維は糸などの素材の製造、織物・染色などの加工、縫製を行う。アパレルは、素材や加工方法の選択、制作から販売までファッションビジネス全般に携わる。
	医薬品、化粧品	医薬品は、医師処方の医療用医薬品と一般用の市販薬を開発、販売する。化粧品産業は主に頭髪用化粧品、皮膚用化粧品、仕上げ用化粧品に分けられる。
	電気・電子・精密機械	家電、OA機器、コンピュータ、電子部品、半導体などの製造に携わる。精密機械には、時計や測量機器、医療機器などもある。
	鉄鋼、金属	鉄鋼は、鉄を主成分とし、自動車のボディから建築資材、飲料の容器などのあらゆるものを生産する。金属は鉄と銅・アルミなどの非鉄金属に分けられる。
	自動車、機械	自動車は日本有数の巨大産業である。自動車メーカーだけでなく、部品メーカーも含まれる。機械はあらゆる産業に関わり、多品種少量の受注生産が一般的である。
②ものを売る	商社	輸出入などの貿易と国内での物質販売を行う。幅広い商品・サービスを取り扱う「総合商社」と特定の分野に特化した「専門商社」がある。
	流通・小売	消費者の生活に不可欠な商品を提供する。大型小売店は業態により、百貨店、スーパー、コンビニエンスストア、ディスカウントショップなどに分かれる。

③サービスや情報を提供する	医療・福祉	医療機関をはじめ、福祉施設、福祉機器・介護用品の販売、医療検査・分析サービスなどが当てはまる。
	マスコミ	新聞社、放送局、出版社、広告代理店、印刷会社、映画会社、レコード会社などがある。また、制作プロダクションやフリーランスのジャーナリストなども含まれる。
	教育	学習塾、予備校、専修学校、通信教育、語学スクール、カルチャースクールなどが属する。
	情報処理、情報通信	情報処理は、企業内の情報やシステム構築・管理、Web サイト構築などである。情報通信は携帯電話、個人向けブロードバンド通信、企業向けデータ通信などである。
	レジャー	外食産業、旅行会社、ホテルなどがある。外食産業とは、ファーストフード店やファミリーレストランなど、大規模のチェーン店形式による飲食業の総称である。
④社会基盤を整備する	建設、住宅、不動産	建設は道路ビルなどの用地開発・設計・施工を手がける。住宅は一戸建てやマンションの販売、リフォームが含まれる。不動産は宅地の開発、分類、賃貸、仲介、管理である。
	エネルギー	石油・ガス・電気など、産業や生活に必要な資源を生産する。ガス会社と電気会社は、公益事業として民間企業でありながら地域ごとの独占が認められている。
	交通、運輸	陸路、海路、空路で人やものを運ぶ。トラックによる「陸運」、電車・列車による「鉄道」、飛行機による「航空」、船による「海運」に分けられる。
⑤資金を動かす	銀行	都市銀行、地方銀行、信託銀行、信用金庫など民間系金融機関、発券銀行である日本銀行、政府が全額出資する政府系金融機関に分けられる。

	証券	証券とは、財産上の権利や義務を表す株券、債券などで、「有価証券」と「証拠証券」に分けられる。証券会社は企業が発行した証券を顧客へ販売する機関である。
	保険	生命保険、損害保険があり、保険業法に基づき保険商品の販売、資産運用業などを行う。

注：各業界ともに、総務・経理・人事などのスタッフ部門や広報・宣伝・販売促進等の部門がある。

出所：ベネッセi-キャリア編集協力『就職活動ガイドブック〈2019〉』15頁を基に作成（著者一部修正）。

・・・

COLUMN 6　企業情報の調べ方

1．キャリアセンター（就職課）、図書館の資料で調べる

　学内のキャリアセンターや図書館は就職資料の宝庫である。「業界地図」や「就職四季報」といった就職活動の定番アイテムといえる紙媒体をいつでもチェックできる。図書館なら、金融、不動産、旅行など各業界の雑誌、新聞などを探すこともできる。また、早い段階からキャリアセンターの求人票を見ておくと、自分が通う大学の学生は、どのような業界からのニーズが高いのかもわかる。

　調べ方のポイントは、以下のとおりである。

① まず、「業界地図」など業界研究の資料をひと通り読んで、業界の全体像を把握する。

② 次に、「就職四季報」などの資料で各業界の主要企業の詳細情報を調べていく。

③ 大学に求人票を出している企業は入社できる可能性が大きい。メジャー企業でなくても気になれば調べておく意識が大切である。

④ 新聞（特に日経）はできるだけ毎日読むようにする。

⑤ 時事問題、一般常識問題の問題集に目を通しておく。

2．就職情報サイトほかインターネットで調べる

　「リクナビ」、「マイナビ」、「日経就職ナビ」など、新卒向けの求人情報サイトには、掲載企業の詳細情報や社員のインタビュー記事などが載っている。特定

の企業名でインターネット検索をしてみるとさらに幅広い情報にアクセスできる。

３．会社案内、企業公式サイトで調べる

　企業が一般向けに発表している基本的な情報を調べることができる。興味のある企業に資料を請求した際に送られてくるのが会社案内である。企業理念や主力商品・サービスなど必要な情報がコンパクトにまとめられている。企業の公式サイトの方が、企業の歴史や業績に関する詳細なデータを入手できる。

４．直接訪問する

　興味のある企業の本社や支店の社屋を見に行く、運営する店舗を見に行くことやサービスを体験してみるという方法もある。志望企業の出勤風景など社員の素の様子を見て、自分はどんな会話をするのか想像してみる。若手社員に自分を投影できる会社は、自分に合っている。

出所：ベネッセ・キャリア編集協力『就職活動ガイドブック〈2019〉』42 頁を基に
　　　作成（著者一部加筆修正）。

注

1）　西川如見（1648 年～ 1724 年：慶安元年～享保 9 年）は、江戸中期の天文・地理学者である。長崎生まれで、中国・西洋の天文暦算を研究し、儒教的自然観をとりつつ実証的見地を展開した。江戸幕府 8 代将軍徳川吉宗に招かれ、庶民教育にも貢献した。著書に『華夷通商考』、『天文義論』、『百姓嚢』および『町人嚢』などがある。

2）　杉田玄白（1733 年～ 1817 年：享保 18 年～文化 14 年）は、江戸中期の蘭医である。江戸牛込矢来小浜藩邸に生まれる。江戸にて蘭方外科を幕府の奥医師西玄哲に、漢学を宮瀬龍門に学ぶ。1771 年（明和 8 年）千住骨ヶ原で腑分を見て、オランダの解剖図の正確さに驚嘆し、これをきっかけとして中津藩医前野良沢（1723 年～ 1803 年）、小浜藩医中川淳庵（1739 年～ 1786 年）らとドイツのクルムス（J.Kulmus）の著書を蘭訳した『ターミナル・アナトミア（*Ontleedkundige Tafelen*）』を翻訳し、『解体新書』として出版した。著書に『解体約図』、『蘭学事始』、『形影夜話』および『野そう独語』などがある。

3）　梅澤正『職業とキャリア―人生の豊かさとは―』18 頁（学文社、2001 年）。例えば、福沢諭吉は『西洋事情』の中で「国法寛にして人を束縛せず、人々自らその所好を為し、士を好むものは士となり、農を好むものは農となり、士農工商の間に少しも区別を立てず、固より門閥を論ずることなく、朝廷の位を以って人を軽蔑せず、上下貴賎各々

その所を得て、毫も他人の自由を妨げずして、天稟の才力を伸べしむるを趣旨とす。」と述べている（マリオン・ソシエ゠西川俊作編『福沢諭吉著作全集第1巻「西洋事情」』15 ～ 16 頁（慶應義塾大学出版会、2002 年）。

4）　総務省「日本標準職業分類（2009 年 12 月統計基準設定）―日本標準分類一般原則」第1項「職業の定義」による。

（http://www.soumu.go.jp/toukei_toukatsu/index/.../gen_h21.htm）

5）　職務（job）とは、一群の職位（position：一人の人に割り当てられた仕事と責任との全体）がその主要な仕事と責任に関して同一である場合、その一群の職位を言う（労働政策研究・研修機構「第4回改訂厚生労働省編職業分類」）。

（http://www.jil.go.jp/institute/seika/shokugyo/index.html）

6）　松本卓三「現代社会と職業」松本卓三゠熊谷信順編著『職業・人事心理学』12 ～ 13 頁（ナカニシヤ出版、1992 年）。

7）　尾高邦雄『新稿職業社会学』（第一分冊）31 頁（福村書店、1953 年）。

8）　尾高・前掲注7）22 ～ 25 頁。

9）　木村周『キャリア・カウンセリング―理論と実際、その今日的意義―』70 ～ 73 頁（雇用問題研究会、2003 年）。

10）　木村・前掲注9）73 ～ 78 頁。

11）　総務省・前掲注4）。

12）　労働政策研究・研修機構・前掲注5）。

13）　ハローワークインターネットサービス「厚生労働省編職業分類」。

（http://www.hellowork.go.jp/info/mhlw_job_dictionary.html）

14）　例えば、従来は繊維業界に分類されていた企業が繊維生産技術を応用し合成樹脂製造に乗り出して事業化し、現在は化学品業界に分類されている素材メーカーの例もある。

15）　ベネッセｉ‐キャリア編集協力『就職活動ガイドブック〈2019〉』38 頁。

第 7 章
若年者のキャリア・リスク

1. キャリア・リスクの意義

　年功序列や終身雇用が常識であった時代には少なくとも大企業の幹部社員は、会社に任せていれば、自然と職業能力が開発される仕組みであった。つまり、会社任せのキャリアデザインでも生涯生活設計（ライフプラン）において何ら支障はなかったのである。

　しかし、様々な環境変化とそれに対応する戦略行動のように、従来のように直線的でスピードだけが問題視されるキャリアのモデルが根本的な変容を迫られるようになってきた。

　特に、近年のキャリアを取り巻く環境は、経済のグローバル化を背景とした企業や個人の競争の熾烈化や雇用の多様化、あるいはワーク・ライフ・バランス（work-life balance）の確保に見られるように大きく変化してきている。

　例えば、ある日忽然と職場が消え、培ったキャリアは今までの職場を除いては通用しない事態が生じても不思議ではない。職業能力が陳腐化することや一つの職場以外では通用しないことから生じるリスクが身近なものとなっている。これは、生涯生活設計が成り立たなくなることや暮らしぶりの変容を迫られるということでキャリア・リスク（career risk）と呼ぶことができる[1]。この新たなリスクに対処するために、生涯生活設計におけるリスクマネジメント（risk management）[2]として環境変化に強い自律的なキャリア形成が必要になる。

〈表7－1〉ワーク・ライフ・バランスとは

> 　ワーク・ライフ・バランスとは、仕事と生活の調和という意味である。内閣府「仕事と生活の調和憲章」では、仕事と生活の調和が実現した社会とは、「国民一人ひとりがやりがいや充実感を感じながら働き、仕事上の責任を果たすとともに、家庭や地域生活などにおいても、子育て期、中高年期といった人生の各段階に応じて多様な生き方が選択・実現できる社会」と定義されている。
>
> 　1980年代以降、欧米諸国を中心に女性の社会進出、家族形態の多様化、男女労働者の意識の変化、少子高齢化などの変化を背景に、働く人々の意識が、「仕事と家庭（家族）」のバランス、さらには「仕事と個人の生活－ワーク・ライフ」のバランスを求める方向へ展開している。性別や年齢に関係なく、労働者の仕事と生活全般のバランスを支援するという考え方であり、この「生活」には子育てや家庭生活だけでなく、地域活動や趣味・学校などあらゆる活動が含まれる。こうした仕事と生活の両方が充実した働き方を実現させる取り組み方は、公共政策として国・地方公共団体が中心となっているヨーロッパ型と、企業経営上のメリットという観点から企業主導で実施されているアメリカ型に大別される。日本にこうした考えが根付くためには、政府、企業、労働者が現状を見直し、人間的な仕事と生活のあり方を十分考えることが必要である。

出所：内閣府「仕事と生活の調和推進のための行動指針」および桑原靖夫「労働・雇用」朝日新聞社編『知恵蔵』（朝日新聞社、2007年）を基に作成。
　　　なお、「ワーク・ライフ・バランスの概念と現状」の詳細については、『日本労働研究雑誌』599号1〜52頁（労働政策研究・研修機構、2010年）参照。

2．若年者のキャリア・リスクを取り巻く環境

（1）就職・就業をめぐる環境の変化

　近年、経済のグローバル化が著しく進展し激しい競争を強いられる中、企業はコスト削減や経営の合理化を余儀なくされ、製造部門の海外移転をはじめ、営業・販売部門等の再構築や、それに伴う雇用調整等を進めてきた。また、各企業では、主に人材費節減を目的とした非正規職員求人の増加や、多様な雇用形態（フレックスタイム制、派遣社員、アルバイトの活用）を積極的に導入するようになってきた。

　このような市場環境の競争性の激化に伴う各企業の対応は、従来の年功序列型雇用慣行を大きく揺さぶるものとなり、高給与に値する生産性向上への貢献

がないと判断された中高年労働者のリストラが進められてきた。

　また、雇用される労働者の観点からすると、自分が企業の生産性向上に貢献できる人材であることを実証することが要請され、求職者の場合はなおさら社会人基礎力を習得していることを企業にアピールしなければならなくなってきている。

（2）新規学卒者の高い離職率

　大学卒業時の就職環境は、近年、学生有利の「売り手市場」が続いているが、例えば、2014 年 3 月に卒業した新規学卒就職者の就職後 3 年以内の離職状況について、厚生労働省が取りまとめた報告[3]によると、新規中卒就職者の 7 割弱（67.7％）、新規高卒就職者の 4 割以上（40.8％）、新規大卒就職者の 3 割以上（32.2％）が、就職後 3 年以内に離職しているということで、離職率[4]は依然として高水準で推移している[5]。

　これは、かつて、新卒就業者のうち、中卒の 7 割、高卒の 5 割、大卒の 3 割が早期離職するということで、俗に「七五三現象」と揶揄された程の問題となっているのである。高い離職率の背景には、従来から入職時のミスマッチがあることや、「就社」より「就職」に変化する若年者の就業意識があるものと指摘されてきた[6]。

　若年者の希望と需要とのミスマッチは、採用する企業側が求めていた能力・知識を、新卒者が習得していなかったために、仕事を十分にこなすことができなかったことや、仕事に興味を感じられずに離職してしまうということである。

　さらに、労働政策研究・研修機構の調査[7]によれば、勤続者と比べて離職者に多いのは、長時間労働の経験であり、また、「残業代の不払い」や「人手不足」などのトラブル経験である。労働条件、教育訓練などの雇用管理、職場のコミュニケーション不足[8]などに起因する問題が、離職の背景にあることを指摘するものである。また、離職理由として最も多く挙げられたのは「時間労働、休日・休暇の条件がよくなかった」であったが、この理由を挙げて離職し、他の会社で正社員となっている人の場合、現在の労働時間は大幅に短く

なっており、転職にはポジティブな面があることも強調している。

　一方、会社にとっても、若年者の離職率が高いことは、内部の生え抜きを重視する日本的人事管理では、将来的にコア（中核）人材の不足をもたらし、事業発展の制約となる。そもそも離職率の高さは、会社の競争力の伸び悩み、業績拡大の制約、顧客満足の低下につながりやすい[9]と言える。

　以上のとおり、若年者は職業の内容や労働市場の状況の理解が足らず、適切な職業選択を行うことができないまま就職したことも早期離職の一因と考えられる。

　ただし、このミスマッチ発生の責任は、求める能力・知識を事前に明確にすることなく採用した企業の側や、企業での仕事内容をしっかりと理解せずに就職した新卒者の側だけに帰せられるべきものではなく、学校での指導者が、企業での実際の業務内容の実態を十分理解していないために適切な進路指導ができない事情があるほか、学校での教育内容・カリキュラムが企業の求める知識・能力を十分に身に付けられるものではないということもミスマッチ発生の責任と考えられる。

　したがって、若年者が不足している知識を補い、しっかりとした就業意識を形成するためには、インターンシップの一層の普及を図るとともに、学校等教育機関においてその基礎を作り上げるキャリア教育の強力な推進と充実が必要になる。

（3）若年無業者の就業意識の希薄化

　大学生の就職環境は、2008 年の世界的な金融危機 "リーマン・ショック"[10] 後の「就職氷河期」[11] から 2014 年の「売り手市場」へと大きく変化しているが、いわゆるニートに近い概念として、若年無業者を 15 〜 34 歳に限定し、非労働力人口のうち家事も通学もしていない者として集計したものによると、例えば、2014 年および 2015 年の 56 万人に対し 2016 年には 57 万人と 1 万人増加している。最近 10 年間の推移をみると、若干の増減はあるが長期的には横ばいで推移している [12]。

　このような若年無業者数の多い状況が続いている原因は、雇用環境だけでな

く若年者自身の就業意識の希薄化等も影響しているものと考えられる。

　例えば、総務省が 2012 年 10 月に実施した調査 [13] では、就業希望の若年無業者が求職活動をしていない理由として、病気・けがや資格取得など勉強中の者を除くと、「知識・能力に自信がない」、「探したが見つからなかった」、「希望する仕事がありそうにない」「急いで仕事につく必要がない」といった回答が一定の割合を占めている。

　しかし、就職を希望する無業者のなかには「その他」という回答が 24% ある一方で、無業者のなかには「特に理由はない」が就職を希望しないという者も約 16%（15.8%）いる。このあたりに若年無業者の問題の深刻さが潜んでいると考えられる。

　以上のような問題を抱える若年者には、その自立を促していくことが課題となるが、まず、在学中の早い段階から職業観・勤労観を醸成できる職業体験機会を拡大するとともにこれを踏まえたキャリア教育の充実を図ることが重要である。

（4）成果主義の課題

　労働政策研究・研修機構の調査によれば、成果主義 [14] に対する支持がある一方でそれに対する批判も挙げられている。具体的には、①人件費削減のための制度である、②職場のチームワークを乱す制度である、などである。また、職場の変化としては、成果主義導入により、①仕事に対する意欲が高まった、②社内における意思決定のスピードが上がった、などの肯定の回答がある反面、①精神的ストレスを訴える社員が増加した、②残業が増えるなど、労働時間が増加した、など否定の回答も示されている [15]。つまり、企業間競争は、「個人戦」ではなく「団体戦」であるから、年功を無視した逆転人事や個人間で仕事の成果を競わせる成果主義処遇では、チームワークは崩れ企業の競争力が損なわれる [16] ということもあり得る。

　したがって、成果主義は、労働者の成果に基づいて賃金や処遇が決められる以上、その成果は的確に測定されなければならない。しかし、現実には客観的な成果基準が定められていても労働者の貢献を測る尺度として不完全なことが

ある。厚生労働省「就労条件総合調査」（2010 年 10 月）によれば、成果主義を
導入している企業について、業績評価側の課題の内訳をみると、①部門間の評
価基準の調整が難しい、②評価者の研修・教育が十分にできない、③格差がつ
けにくく中位の評価が多くなる、などとなっている。その結果、評価によって
勤労意欲の低下を招くことや評価結果に対する本人の納得が得られない[17] な
ど成果主義のリスクが発生することになる。

　こうした評価の難しさが示されている具体例を以下の表に掲げることとす
る。

〈表 7 － 2〉　業績評価対向上評価、業績評価対能力発揮評価

設問 1.「前期の業績が 100 で、今期は 90 に落ちた A さん」と「前期が 50 で今期
　　　は 80 に業績を上げた B さん」がいた場合、どちらを高く評価しますか。

	A 社	B 社	C 社	D 社	E 社	F 社
	(139 人)	(149 人)	(227 人)	(160 人)	(198 人)	(130 人)
A さんを高く評価	48%	36%	35%	35%	24%	49%
B さんを高く評価	36%	30%	41%	41%	50%	25%
その他	15%	35%	23%	22%	26%	25%
無回答	1%	0%	1%	2%	0%	1%

設問 2.「50 の業績を上げられる潜在能力を持つ A さんが 50 の業績を上げた場合」
　　　と「100 の業績を上げられる潜在能力を持つ B さんが 70 の業績を上げた
　　　場合」、どちらを高く評価しますか。

	A 社	B 社	C 社	D 社	E 社	F 社
	(139 人)	(149 人)	(227 人)	(160 人)	(198 人)	(130 人)
A さんを高く評価	50%	31%	35%	46%	50%	45%
B さんを高く評価	38%	45%	50%	43%	33%	40%
その他	11%	23%	15%	9%	17%	15%
無回答	1%	1%	0%	2%	0%	0%

出所：日本労働研究機構（現、労働政策研究・研修機構）調査報告書「管理職層の雇用シ
　　　ステムに関する総合的研究（下）」（1998 年 3 月）。
　　　（http://db2.jil.go.jp/SEIKA_ZEN/E_Seika/IMAGE/2000/E2000014501_ZU034.GIF）

この表に掲載の設問は、日本労働研究機構（現、労働政策研究・研修機構）が1997 年に実施したアンケート調査に対する調査協力企業 24 社のうち回答者数の多い 6 社を取り上げ、具体例を挙げて評価基準を調べたものである [18]。

これを見ると、各社ともに評価が統一されていないことが分かる。設問 1 と設問 2 の両者とも達成した業績に基づいて評価するとするならば、設問 1 では A さんを、設問 2 では B さんを高く評価すべきことになる。しかしながら設問 1 と設問 2 の両者について 6 社とも評価が割れている。つまり同一企業内でも管理者によって評価基準に大きな開きがあることが示唆される。

労働者にとっては、同じように働いても、考課の結果が異なり報酬に差が出ることが避けられない。景気変動のような致し方のない要因ならともかく、直属の上司や同僚との人間関係という主観的な要因で判断されがちなのは大きなリスクであるし、これは管理者側にとっても大きなリスクである。労働者が公正であると納得していない制度で評価を続けることは、労働意欲を下げてしまうからである [19]。つまり、自分が正しく評価され、正当な地位が与えられ、世間一般の平均的な賃金が支払われているかが重大な問題である [20]。

このように業績評価は、制度が如何に精巧にできていても、評価者の運用段階で、様々なリスクが発生し、制度の意図どおりの運用が難しいことが明らかにされている。

3．卒業後の若年者の適職探しの課題

卒業後、適職探しに向けた挑戦を始める若年者が増加しても、そのための機会が十分に開かれていれば、再挑戦しやすい社会と言える。しかし、これまでは、適職探しに成功する若年者はそれほど増えておらず、若年者の挑戦意欲は十分活かされているとは言えない。若年者が再挑戦するための機会を閉ざす「壁」として、企業の新卒採用慣行と若年者の能力開発の問題の 2 つの要因が考えられる。まず、企業の新卒採用慣行では、概して①卒業さえしていなければ、大学受験の際のいわゆる「浪人」や留年による一定限度の遅延は問題視されない、②いったん卒業してしまうと、留年などの有無や卒業後の年数にかかわらず新卒としては採用されない、といった基準がこれまで続けられてきた。

　近年、いわゆる第二新卒を新卒採用枠で扱う企業も存在する [21] ことや雇用対策法に基づく「青少年の雇用機会の確保等に関して事業主が適切に対処するための指針」に、新卒採用にあたって、少なくとも卒業後3年間は応募できるようにすることなどが追加された（2010年11月15日施行）ものの、多くが若年既卒者を新卒採用の対象とはしていなかったという経緯がある。

　その後、「青少年の雇用の促進等に関する法律」（以下、「若者雇用促進法」と言う）第7条に基づき、事業主、特定地方公共団体、職業紹介事業者等その他の関係者が適切に対処するために必要な指針を厚生労働大臣が策定することとなった。なお、雇用対策法に基づく「青少年の雇用機会の確保等に関して事業主が適切に対処するための指針」は廃止された。

　今後は、新卒一括方式に偏った採用から専門性を重視した通年採用の拡大など、人事採用の多様化を進めることが求められる [22]。

　次に、新卒採用市場と異なり職業能力が求められる中途採用市場においては、企業の求める能力や資質を持っていなければ、企業に採用されることは難しいということである。したがって、中途採用市場での若年者の適職探しを円滑化するためには、就業形態が多様化する中で若年者が自身の職業能力をどう構築していくかが重要である。

〈表７－３〉　若者雇用促進法（概要）

> 　少子化に伴い労働力人口が減少する中、若者が安定した雇用の中で経験を積みながら職業能力向上させ、働きがい持って仕事に取り組んでいくことがきる社会を築くことは、全員参加型の実現を図り、将来のわが国の社会・経済が発展する上で、ますます重要な課題となっている。
>
> 　若者雇用促進法は、就職準備段階から就職活動時、就職後のキャリア形成まで各階において、総合的かつ体系的な若者雇用対策を行うための法律である。1970 年に成立した勤労青少年福祉法を改正し、名称を「青少年の雇用の促進等に関する法律」に変えて、2015 年 10 月 1 日から施行（一部、2016 年 3 月 1 日または 2016 年 4 月 1 日から施行）されている。
>
> 　厚生労働省の 2013 年調査では、大学卒業者の約 3 割、高校卒業者の約 4 割が就職後 3 年以内に仕事を辞めているため、同法は国や地方公共団体に「適職の選択を可能とする環境の整備、職業能力の開発及び向上その他福祉の増進を図るために必要な施策」（第 5 条）を推進するよう努めなければならないと規定している。また、新卒予定者らの求めに応じ、民間企業に、職場情報の積極的な提供を努力義務とした（第 13 条）。具体的には、①「過去 3 年間の新卒採用者数・離職者数」や「平均勤続年数」などの募集・採用に関する状況、②「研修」や「自己啓発支援」、「メンター制度」の有無など職業能力の開発・向上に関する状況、③「所定外労働（残業）時間」や「有給休暇の取得実績」など雇用管理に関する状況、の 3 類型ごとに 1 つ以上の情報開示を義務付けた。またブラック企業を労働市場から排除するため、長時間労働や賃金不払いなど労働法規（労働基準法、最低賃金法など）違反で年間 2 回以上是正勧告を受けたり、書類送検されたりした企業の求人を公共職業安定所（ハローワーク）で一定期間受け付けないことを明記した（第 11 条）。さらに、若者の採用や人材育成に積極的な中小企業（常時雇用する労働者が 300 人以下の事業主）を「ユースエール認定企業」(注)として認定する制度を導入し、公的助成や低利融資を受けられるようにした（第 15 条）。

注：ユースエール認定基準は、①若者の採用や人材育成に積極的に取り組む企業であること、②直近 3 事業年度の正社員の新規学卒等採用者の離職率が 20％以下（ただし、採用者数が 3 人または 4 人の場合は、離職者数が 1 人以下）、③前事業年度の月平均の所定外労働時間、有給休暇の平均取得日数、育児休業の取得対象者数・取得者数（男女別）について公表している。メリットは、ハローワーク等で重点的ＰＲの実施、助成金の優遇措置、日本政策金融公庫による低利融資などを受けることができる。

出所：厚生労働省「青少年の雇用の促進等に関する法律（若者雇用促進法）について」（法律の概要）を基に作成。

　（http://www. www.mhlw.go.jp/stf/seisakunitsuite/.../0000097679.html）

4．卒業後の若年者雇用問題の解決策

　若年者雇用問題を解決するためには、社会保障政策としての積極的労働政策や新産業創出の努力などに加えて、多様で幅広い職業観や勤労観を醸成するためのキャリア教育の充実に努めるとともに中途採用の仕組みとガイドラインも重要になる。しかし、卒業後の若年者雇用問題は、若年者側だけにあるのではなく、若年者の労働需要の減退によって引き起こされていることも踏まえて、経済成長を高めて、企業の若年者の正規雇用拡大を一層促す政策が求められるとともに各企業においても「企業の社会的責任」（CSR：Corporate Social Responsibility）を果たすという意識を持ち、若年者採用に積極的に取り組むことが望まれる。また、企業の採用スケジュールの早期化を是正し、学業に専念できる環境をつくることも重要である。

5．若年者のキャリア・リスクマネジメント

　若年者がこれから必要なのは主体的な生き方であり、働き方であるが、誰にとっても目指すことは納得のいく充実した人生を送ることであろう。そのためには、能力を磨いて意義ある職業に就き、絶えずリスクに立ち向かいながら自分の責任においてキャリアを切り開いていく [23] ことである。

　また、キャリア・リスクマネジメントを考えるには、これまでの仕事を振り返るとともに、今後どのような方向に進むのか、そのシナリオを定期的に整理してみることも必要である。現在、企業が社員を保有することのリスクを実感してきていることを踏まえて、個人も一企業に長期的に所属し続けることのリスクを認識して、それに対処する必要がある。定年まで勤続していく場合のシナリオとともに、転職や独立などいくつかのシナリオを描いたうえで、それぞれの状況での対応策を練っておくことが重要である [24]。

COLUMN 7 　エニアグラム～9つの性格

　エニアグラム（enneagram）という言葉は、ギリシャ語で「9」の意味を持つ「エニア」と「図」の意味を持つグラムの合成語で「9つの点を持った図」を意味する。すなわち、エニアグラムとは、9個の点を持った円周と、それらの点をつなぐ線から成り立つ幾何学図形のことを言う（下図参照）。人事の領域のエニアグラムは、この幾何学図形をシンボルとして性格判断に応用したものである。

　エニアグラムは、人間の性格の多様性と共通性の両者に着目し、人間の本質には、9つのタイプがあるという事実を導き出している。そして自分が、どのタイプの本質を持っているかを知ることで、自分自身の人間的な可能性を飛躍的に高めることがエニアグラムの目的と言える。

　近年、最も効果的な自己成長システムとして、心理学の世界を飛び越え、ビジネスや教育、カウンセリングなど様々な分野で応用されている。

エニアグラムの図

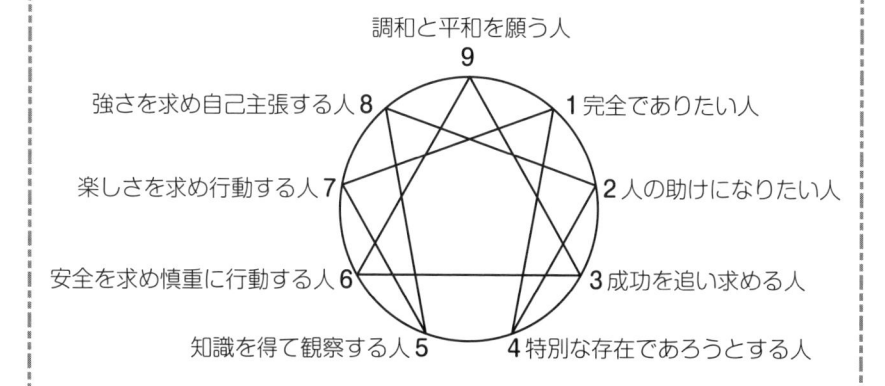

調和と平和を願う人
9
強さを求め自己主張する人 8 　 1 完全でありたい人
楽しさを求め行動する人 7 　 2 人の助けになりたい人
安全を求め慎重に行動する人 6 　 3 成功を追い求める人
知識を得て観察する人 5 　 4 特別な存在であろうとする人

9つのタイプのプロフィールは以下のとおりである。

9つのタイプ	概　要
タイプ1 完全でありたい人	何事においても完璧を期し、自らの理想を建設的な姿勢で追い求め、努力を惜しまない。誠実で、公平、バランス感覚がある。通常、現状に満足できず、物事は常に少しでも改善の余地があると考えがちである。「正しいことをしている」「正しいとわかっている」ということで最も満足感を得る。ただし、人生のすべてに完全を求める「囚われ」^(注)がある。囚われが強くなると、批判的にものごとを見、完璧主義が行き過ぎる。
タイプ2 人の助けになりたい人	情愛深く、困っている人に救いの手を差し伸べ、周囲の人々の助けになることに労をいとわない。つまり、人とのつながりを大切にし、思いやりがあり、面倒見がいい。「他人を助けている」「自分を顧みず他者の世話をしている」ということで最も満足感を得る。ただし、自分は愛を与える人間であり、受ける人間ではないと考える「囚われ」がある。タイプ2こそ他者の愛を最も必要としているのに、彼らはそれを認めないのである。
タイプ3 成功を追い求める人	常に効率性を心がけ、成功するためには、自分の生活を犠牲にしてまでも努力を惜しまない。自分の掲げた目標に向かって他人も効率よく、邁進することを期待し、周囲の人々のやる気を巧みに喚起する。「成功している」「物事が効率よくうまくやれた」ということで最も満足感を得る。ただし、人生において最も重要なのは、目的を達成し、成功を収めることだという「囚われ」がある。自分のスタッフも成功のための道具と考える傾向があり、優秀な人材しか眼中にない。
タイプ4 特別な存在であろうとする人	自分が特別な人間であると自負しており、何よりも感動を大切にし、平凡さを嫌う。他人より悲しみや孤独などを深く味わえると感じており、思いやりがあり、人を支え励ますことを好む。「特別な存在である」「ユニークだ」「深い感動を味わえる」ということで満足感を得る。ただし、平凡であることを避け、自分のことを他人とは違った特別な人間だと思いたいという「囚われ」がある。

タイプ5 知識を得て観察する人	知識を蓄えることを好み、賢明であろうと心がけている。分析力や洞察力に長け、客観的な傍観者に徹することを好み、現実の観察力に長けているが、口数が少なく、遠慮しがちである。感情表現や人間関係は得意な方ではない。「知恵がある」「賢い」「何でも知っている」ということで最も満足感を得る。ただし、空虚さを避ける「囚われ」を持っている。そして、自分の空虚さの原因を自分の周囲の人間が軽薄なためと考える傾向がある。囚われが強くなると、知識や技能を身に付けることで初めて、世の中と関われると考えがちになる。すべてを構想したり、納得してからでないと、行動できない。
タイプ6 安全を求め慎重に行動する人	安全への欲求から行動するタイプ6は、二面性を持っている。ひとつの面は、強い保護者を求め、その保護者に対して、極めて忠実で責任感を発揮する。その一方で、納得のいかない権力に反抗し、弱者の主張をよく聞き入れ、旗色の悪い闘いにも果敢にチャレンジする面も持っている。つまり、権威を持つ者に従うか、反発するかのどちらかになりやすい。「忠実である」「誠実である」ということに満足感を得る一方で「率直さ」「社会規範に順応しない」「危険に勇敢に立ち向かう」ということにも満足感を得る。ただし、権力への不信感という「囚われ」を持ち、心に恐怖心を秘めている。囚われが強くなると、不安が高じてルールや枠、原理を頑なに守ろうとしたり、最悪の事態を考える。
タイプ7 楽しさを求め行動する人	万事に楽観主義的で陽気な雰囲気を持ち、自分の周辺に楽しみを見出す能力に長けている。周りの人を楽しませることで、自分も楽しくなる。楽観的であるが、実行能力もある。「とても楽しい」「愉快でたまらない」「計画がいっぱいある」ということで満足感を得る。ただし、人生は楽しいものでなければならないと信じ、苦しいこと、辛いこと、辛いことを避けようとする「囚われ」がある。

タイプ8 強さを求め自己主張する人	自分が正しいと思うことのために全力で戦う。健全な状態で、心が広く、面倒見がいい。弱い立場の者を守る。自然な自信と力、リーダーシップを備えていて、決断力に富む。「力がある」「できる」「力に満ちている」ということで最も満足感を得る。ただし、強さを誇示し、自分の弱さを隠そうとする「囚われ」を持っている。囚われが強くなると、自分の弱さは決して認めないで、相手の弱点を突いて、支配したり、操作する。
タイプ9 調和と平和を願う人	穏やかで、人に安心感を与え、気持ちをなごませる。人から見捨てられることを恐れ、平和や快適であること、また、一体感を好む。健全な状態で、平和で安定した心を保つ。周囲に緊張や葛藤がある場合は、公平な立場で辛抱強く仲裁に入る。「落ち着いている」「調和に満たされている」ということで最も満足感を得る。ただし、葛藤を避けようとする「囚われ」がある。周囲からプレッシャーを与えられると，意思を示さぬばかりか、動くことをやめて、無言の抵抗を示す。

注：「囚われ」とは、エニアグラムでは、"各人が生まれ持って与えられる素晴らしさ"である本質から生じる、悪い傾向を強める原動力を言う。エニアグラムでは、各タイプにはそれぞれ「囚われているものがある」と考えられている。「囚われ」は、こだわりや恐れ、妬み、慢心や拠り所など、様々な言葉に言い換えることができる。

出所：鈴木秀子『9つの性格―エニアグラムで見つかる「本当の自分」と最良の人間関係』52〜95頁（PHP研究所、1997年）を基に作成（著者一部修正）。

　自分のタイプを知り、こだわりや恐れから解放されれば、自らの能力と個性を最大限に生かすことができる。さらに、相手のタイプを知り、長所と短所を見極めれば、その人に合った対応の仕方がわかり、良好な人間関係も築ける。

　エニアグラムの知恵を日常生活の中で生かしていくためには、まず自分自身をしっかり見つめることが大切である。

　エニアグラムの詳細については、タイプ想定質問等を含めて、鈴木・上掲書を参照されたい。

注

1)　佐藤克彦「今、なぜキャリアか―キャリア事情について考える―」明治生命ファイナンシュアランス研究所（現、明治安田生活福祉研究所）編『FINANSURANCE』Vol.11 No. 4、32 頁（2003 年）。

2)　生涯生活設計としてのリスクマネジメントの考え方の最大のポイントは、「もし、人生の中で最悪の状況が想定されるならば、その最悪の状況が現実にならないように事前に周到な防止対策を講じ対応すること」であると考えられる。それが人生を幸せに有意義に暮らせるための生涯生活設計であると言える。

3)　新規大学卒就職者（2014 年 3 月卒）の産業別就職後 3 年以内離職率のうち離職率の高い上位 5 産業は、①宿泊業・飲食サービス業：50.2 %、②生活関連サービス業・娯楽業：46.3 %、③教育・学習支援業：45.4 %、④小売業：38.6 %、⑤医療、福祉：37.6 % となっている（厚生労働省「新規学卒就職者の離職状況（2014 年 3 月卒業者の状況）」2017 年 9 月 15 日）。
（http://www.mhlw.go.jp/stf/houdou/0000177553.html）

4)　離職率の集計の考え方は、事業所からハローワークに対して、雇用保険の加入届が提出された新規被保険者資格取得者の生年月日、資格取得加入日等、資格取得理由から学歴ごとに新規学卒者と推定される就職者数を算出し、さらにその離職日から離職者数・離職率を算出している（厚生労働省「新規学卒者の離職状況」）。
（http://www.mhlw.go.jp/stf/seisakunitsuite/.../0000137940.htm...）

5)　新規大学卒就職者の就職後 3 年以内離職率について最近 5 年間の推移をみると、2010 年卒 31.0 %、2011 年卒 32.4 %、2012 年卒 32.3 %、2013 年卒 31.9 %、2014 年卒 32.2 % となっており、依然として高水準で推移している（伊藤正史「若者雇用の質的変化を踏まえた 若者雇用対策の現状と展望」JILPT「労働政策フォーラム」（2018 年 1 月 23 日）。（資料出所）厚生労働省職業安定局「新規学卒者の職業紹介状況」およびリクルートワークス研究所「第 34 回ワークス大卒求人倍率調査（2018 年卒）」。
（http:// www.jil.go.jp/event/ro_forum/20180123/.../01-kicho-itoh.pdf）

6)　厚生労働省編『平成 18 年版・労働経済白書』20 頁（ぎょうせい、2006 年）。
　　なお、近年では、経営者が夢を語って若者を釣り、入社後は過酷な労働条件で切り捨てるいわゆる「ブラック企業」（IT や小売りチェーン、外食産業などに多いと言われている。）の存在とともに引用されることも多くなっている。ブラック企業は早期退職が続出することを見越して若者を大量採用するのが特徴で、離職率は有力な判断材料の一つだからである。なお、リーマン・ショック後は「ブラック企業」ほどではなくとも新入社員を不当に退職に追い込む「グレー企業」も増えているとも言われている。各方面からの要請に対応して、厚生労働省は、2015 年度からハローワークに、大卒、大学院卒らに向けた求人票に過去 3 年間の採用者数と離職者数の記入欄を設け、企業に離職率の公表を求めることとした。

7)　労働政策研究・研修機構「大都市の若者の就業行動と意識の分化―『第 4 回 若者のワークスタイル調査』から―」56 頁『労働政策研究報告書』No.199（2017 年 10 月

発表)。

(http://www.jil.go.jp/institute/reports/2017/0199.html)

8)　エン・ジャパンの調査によると、2018 年新卒採用における適性テストで、新卒者の特徴として、「慎重に空気を読み、出る杭になりたがらない。安定的なキャリアと私生活重視」が示されている。その対策として、企業側は「コンディションを把握し、自主的な報連相（報告・連絡・相談）を促すこと」や「具体的目標の提示」が求められている（エン・ジャパン「適性テストの結果から見る 2018 年度新入社員の特徴と育成ポイント（2018 年 3 月 27 日）」。

(http://www.b2b-ch.infomart.co.jp/news/detail.page?IMNEWS1…)

　　したがって、新卒者離職率を下げるためには、職場の上司、先輩は新卒者に対して、丁寧なヒアリングを行うなど、コミュニケーションを十分行うことが求められる。

9)　若林直樹「社員の離職どう防ぐか？」（日本経済新聞（朝刊）、2018 年 12 月 17 日）。

10)　リーマン・ショックとは、2008 年 9 月 15 日に、アメリカの投資銀行であるリーマン・ブラザーズ・ホールディングス（Lehman Brothers Holdings Inc.）が経営破綻したことに端を発して、連鎖的に世界規模の金融危機が発生した事象を言う。「リーマン・ショック」は和製英語であり、英語では同じ事象を the financial crisis of 2007–2008（2007 年から 2008 年の金融恐慌），the Global Financial Crisis（国際金融危機），the 2008 financial crisis（2008 年金融危機）などと呼ぶのが一般的である。リーマン・ショックの後、世界規模で拡大した金融危機により、世界経済は近年で最も深刻な景気後退に陥った。その後、2009 年を底に急速に回復へと向かったものの、リーマン・ショックの発生からわずか 1 年余りの 2009 年 10 月にギリシャ債務問題が顕在化し、その後、欧州債務危機へと発展していく中、世界経済は 2011 年には再び失速した。その後、欧州債務危機が長期化する中、世界全体の実質 GDP 成長率、貿易量は 2011 年以降、前年比で伸び率が低迷し、先進国の失業率も高止まりが続いた（経済産業省『平成 26 年版 通商白書』4 頁、その他参照）。

(http://www.meti.go.jp/report/tsuhaku2014/…p/…/2014_01-01-01.pd…)

11)　就職氷河期とは、日本のバブル経済崩壊後、大規模な就職難が社会問題となった時期である。特に、1993 年頃から 2005 年頃までを指す。長期的な景気の冷え込みを氷河期（氷期）に例えたものである。バブル経済崩壊後の就職氷河期に高校や大学を卒業した世代で、90 万人を超える人が今も安定した仕事に就かないでいる。失業率が歴史的に低い水準にもかかわらず、35 ～ 44 歳のフリーターと無業者は 15 年前の同年齢層より 6 割も多い。社会保障費が膨らむ恐れもあり、政府は今後 3 年間を集中期間として就労支援に取り組むとしている（日本経済新聞（朝刊）、2019 年 5 月 20 日）。

12)　厚生労働省編『平成 29 年版労働経済白書（労働経済の分析）―イノベーションの促進とワーク・ライフ・バランスの実現に向けた課題―』42 頁。

(http:// www.mhlw.go.jp/wp/hakusyo/roudou/17/17-1.html)

13)　総務省「平成 24 年就業構造基本調査結果の概要」62 頁（2013 年 7 月）。

(http://www.stat.go.jp/data/shugyou/2012/)

14)　成果主義の定まった定義はないが、通常、成果主義には、①賃金決定要因として、

成果を左右する諸変数（技能、知識、努力など）よりも、結果としての成果を重視することと、②長期的な成果よりも短期的な成果を重視すること、③実際の賃金により大きな格差をつけること、の 3 要素が含まれる（労働政策研究・研修機構編『日本の企業と雇用―長期雇用と成果主義のゆくえ』40 頁（2007 年 3 月））。

15)　労働政策研究・研修機構編『日本の企業と雇用―長期雇用と成果主義のゆくえ』107 ～ 108 頁（2007 年 3 月）。

16)　高梨昌「雇用政策に問われている課題」『ジュリスト』1377 号 43 頁（2009 年 4 月）。

17)　厚生労働省「平成 22 年就労条件総合調査の概況」（2010 年 10 月）。
(http://www/mhlw.go.jp/toukei/index.html）

18)　日本労働研究機構（現、労働政策研究・研修機構）調査報告書「管理職層の雇用システムに関する総合的研究（下）」（1998 年 3 月）。

19)　江口匡太『キャリア・リスクの経済学』30 頁（生産性出版、2010 年）。

20)　亀井利明『ソーシャル・リスクマネジメントの背景』53 頁（ソーシャル・リスクマネジメント学会、2009 年）。

21)　例えば、地方銀行や信用金庫などの地域金融機関が、既卒者を新卒扱いにして採用枠を広げてきた。なお、多くの場合卒業後 1 ～ 3 年以内を新卒扱いとしている。ただし、新卒の対象は金融機関により異なる（日本経済新聞（朝刊）2010 年 12 月 15 日）。また、大手企業で新卒採用枠を既卒者に開放する動きが広がっており、日本経済団体連合会が 2010 年に実施した調査では約 4 割の企業が既卒者を従来から受け付けていると回答したが、実際に既卒者が採用された例は少ないのが実情ということである（日本経済新聞（朝刊）2011 年 1 月 19 日）。

22)　「経団連と大学側は新卒学生の通年採用を拡大することで、2019 年 4 月 22 日合意した。戦後続いた新卒一括採用と終身雇用に偏った雇用慣行は転機を迎える」こととなる（日本経済新聞（朝刊）2019 年 4 月 23 日）。

23)　「人生というものは、絶えず危険に立ち向かいながら創造し、革新していくプロセスである。だれにとってもそうである。だからだれにとっても、責任の範囲は狭くはない。人生に向きあうには、頭が切れて能力があるだけでは十分ではない。ねばり強く、勇気があり、自分の不安も他人の不安も制御できなければならない」(Alberoni,F., Abbiate Coraggio,1998(泉典子訳『戦う勇気、退く勇気』31 頁（草思社、1999 年））。

24)　高橋俊介編「人事」6 - 1、6 - 3『ダイヤモンド リスクマネジメント実践講座』（ダイヤモンド社）。

　　例えば、現在の仕事の延長線上に企業家やプロフェッショナルが想定されるのか、最悪の場合は個人の専門性もなく、依存し得るほどの組織力もない状態に陥ってしまうのか、様々なシナリオを想定することに意義がある。

第 8 章
キャリア開発

1．キャリア開発の概念

（1）求められるキャリア意識

　これまで、日本では終身雇用制度、年功序列制度という独自の雇用環境の中で、働く人々は自分のキャリアは自分で責任を持って磨き育てる、すなわち自らのキャリア開発と形成に対する意識については希薄であったと言える。いったん会社に就職すれば、会社あるいは上司が自分を教育・研修し、育ててくれるもの、当然定年まで会社が自分の面倒を見てくれるもの、という組織依存的な意識が働く人々に強く見られた。

　しかし、経済社会の変化に伴う経営・労働環境の大きな変容とともに、今や企業は働く一人ひとりに厳しく自立を求める時代となっている。すなわち、働く人々は、会社に依存せずとも社外へ出ても十分に通用する実力、能力を備えた市場価値の高い人材となることが求められている。

　こうした厳しく変化する労働環境の中で現在個人に問われることは、「どこの大学を卒業したのか」ということよりも、専門性、具体的な強み、有する知識やスキル、役立つ経験としては何があるのかである。すなわち、現在は「あなたのキャリアは何か」が厳しく問われる時代である。したがって、5年ごとに自分の履歴書を書き換えるぐらいの強いキャリア意識を持ち、絶えず行動しながらキャリア開発を行う努力をする必要がある[1]。

（2）キャリア開発の意義

　キャリア開発は英語では、「career development」と表す。この「development」を発達[2]と訳す場合がある。キャリア開発という言葉は主に経営学、経済学を背景にした言葉であり、企業でよく使われている。英語の語源が「de ＝剝

がす　velop＝包む」ということから、転じてキャリア開発の定義を「個人が保有している内的資源（能力、価値観、動機・欲求など）を顕在化させ、最大限に発揮することを通して豊かで充実した仕事・生き方を実現する」と捉えることができる。「develop」の語源的な考え方の根底には、個人は誰もがそれぞれ他人にはない固有の素晴らしい能力や個性を有しているという、肯定的な人間観が存在している。

　人が生前発揮できる能力は，個人が本来有する潜在能力のうちたかだか10％とも 20％とも言われているが、これには個人差がある。自分の可能性の実現に向けて絶えずチャレンジし、「develop」を怠らない継続的な努力を行う人とそうでない人との違いである。忙しい日常生活にただ流されることなく、キャリア意識を強く持ちながら自分なりの目標の達成に向け、たゆまぬ努力を日々継続して行っているか否かで、おのずからその結果は違ってくる[3]と言える。

（3）キャリア開発プラン

1）　キャリア開発プランとは

　キャリア開発プランとは、一人ひとりが生涯を通じて充実した生きがいを感じられるように、人生の目標を自主的に選択して、個性豊かな職業人・社会人として持てる力を十分に発揮していくための具体的なプランを言う。生きがいや働きがい、幸福は年齢の老若には関係なく、人間だれしも本音として求めている問題でもある。したがって人間の生きがいや働きがい、幸福というものは、将来の生涯生活において自分の様々な欲求、自己実現の欲求などを、人生の中でいかにしたら充足させることができるか、という可能性を求めて生きる生活の仕方の中で得られるものである。

2）　マズローの5段階欲求説

　人間の欲求と満足については、人間性心理学の開拓者の一人であるマズロー（Maslow,A.H.）は、人間の欲求として、①生理的欲求（食欲、排泄、性欲、睡眠欲，休息等生きるための欲求）、②安全と安定の欲求（健康でいたい、安心して暮らしたいという欲求）、③所属と愛の欲求（愛されたい、愛したい、仲間や友達が

欲しいという欲求）、④自尊心と他者からの承認の欲求（能力を認められること
や、社会的に成功したい、地位や肩書きを得たい、支配したいという欲求）、⑤自己
実現の欲求（自らの可能性を追求したい、より成長したい、真・善・美などに対す
る追及への欲求）の５つを挙げ、これら５つの欲求は階層をなし（５段階欲求
説）〈図 8 - 1〉、人間の成長に伴って、下位から順に欲求を満たそうとすると
いうことである⁴⁾。①〜④までの欲求は欠乏動機として、満たされなさを満た
そうとするもので、満たされるとその欲求は消え、その代わりにその上位の欲
求が起こり、その欲求を満たそうとするということである。

3)　自己実現とキャリア開発プラン

　新入社員の意識調査などによると会社選択の主な理由として、「自分の能力
や個性が生かせること」、「仕事が面白いこと」、「将来性・安定性があること」
などが挙げられている。「将来性・安定性があり、安定した収入が得られるこ
と」は日常の生活、つまり生理的欲求と安全・安定の欲求をある程度満たして
くれる。そして、職場や仕事で自分の居場所が確保され、人とのつながりが得
られると所属の欲求が満たされる。そこで少しずつ仕事を覚え、「自分の能力
や個性が生かせること」ができるようになれば、自尊心と他者からの承認の欲
求が満たされ、「仕事が面白い」と思えるようになる。

　ただし、実際には組織の中で自分の能力や個性を生かせ、かつ、面白い仕事
を実現させるのは容易ではない。また、上司や会社に認めてもらえなければ承
認の欲求は満たされないままになってしまう。単に自らの能力や仕事の内容、
実績だけで決まるものではなく、上司や先輩、同僚、部下、取引先などとの良
好な関係の中で仕事ができるかどうか、納得のいく評価が得られるかは、自ら
の人間関係力（ヒューマンスキル）を育てることにあると言える⁵⁾。また、基
本的欲求が十分に満たされるとより成長し、人間的に統合された存在（be）で
ありたいと願う高次欲求の自己実現欲求が生まれる。自己実現した人の定義と
して、マズローは「自己実現とは、才能・能力・可能性の使用と開発である。
そのような人々は、自分の資質を十分に発揮し、なし得る最大限のことをして
いるように思われる」ことを挙げ、さらに、「自己受容・他者受容できる」、
「問題解決志向的である」、「自発的である」、「責任観念が旺盛である」、「感謝

できる」などといったことを挙げている[6)]。つまり、自己実現欲求というのは、お金やステイタスといった外的報酬や自らの利益、快楽的エゴイズムを満たそうとするのではなく、自らの存在を社会的な存在として意識し、より内的報酬（真・善・美、充実感、成長、感謝等）にその価値を見出そうとするものである。

　自己実現的な生き方をしている人は、社会的使命感や責任感を強く意識しながら、実に生き生きとして仕事をしている。このように毎日の労働生活や個人生活において、具体的で現実的な課題を追求し、自己実現の欲求を充足させていく中で生きがいや働きがい、幸福も得られるものと言えよう。

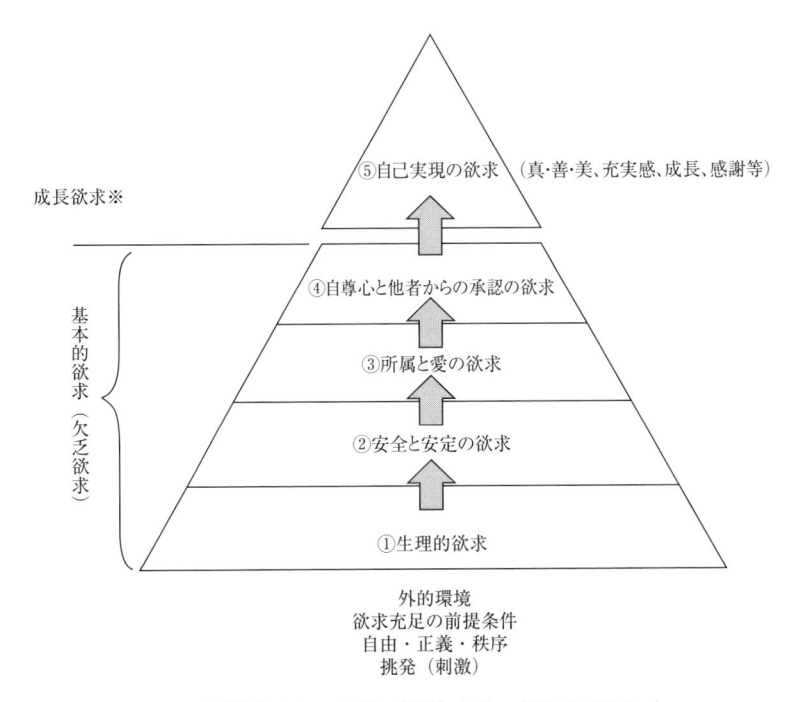

　成長欲求※

　基本的欲求（欠乏欲求）

⑤自己実現の欲求　（真・善・美、充実感、成長、感謝等）

④自尊心と他者からの承認の欲求

③所属と愛の欲求

②安全と安定の欲求

①生理的欲求

外的環境
欲求充足の前提条件
自由・正義・秩序
挑発（刺激）

※成長欲求はすべて同等の重要さを持つ（階層的ではない）。

〈図8－1〉 マズローの欲求の階層

出所：Goble,F.G., *THE THIRD FORCE : The Psychology of Abraham Maslow*, Grossman Publishers, Inc.1970（小口忠彦監訳『マズローの心理学』83 頁（産業能率大学出版部、1982 年）を基に作成（著者一部修正）。

　この課題を解決するための能力を培うためにはキャリア開発プランが必要になる。

4)　キャリア開発プランの必要性

　現在、個人のキャリア開発計画が注目を集め、個人主導の能力開発を進める動きが企業と個人の両方によって進められている。今後は自己主導の能力開発、自己啓発が一層重要になると考えるが、それにはキャリア開発プランの作成が欠かせない。すなわち、自己主導の能力開発の最初のステップは、「自分はどんな人生を送りたいか。そのために、どんな能力を習得したいと考えるか」その具体的なゴールを設定することである。

　ゴールには、比較的短期に達成できるものと長い年月を要するものがある。長期的ゴールは、例えば「45歳になったら、会社から独立して事業を始めたい。そのために、これからどういう準備をして、どういう能力を蓄えておくべきであろうか」とか、「20年後には、こういう人になっていたい。それには、どういう資格を身に付けておくべきだろうか」というキャリア開発プランの視点で考えてみることが重要である。自分の将来に夢を描き、夢にかける情熱が強ければ強いほど、学習への情熱も強くなる。

　さらに、キャリア開発に関する目標が具体的であればあるほど、その目標の達成へ向ける努力は密度の高いものにすることができる。特に学生にとっては、「学びたいことを、学びたいときに、学びたい師について学ぶ」ことが一番である[7]。

　また、社会人の学習の機会も増加し、多様化している。例えば、通信教育、資格の取得、大学・大学院への通学、専門学校の活用など、本人の努力次第でチャンスは広がってきている。変化を続ける時代の不測の事態に備え、さらに変化をチャンスと考えてキャリアアップを計画的に進めるには、しっかりしたキャリア開発プランの作成が有効である。

2．キャリア開発プランの具体例

　ここでは、望月衛『PREP[8]に関する研究』を基にキャリア開発プラン（CDLP: Career Development Life Planning Programs）の実際を見ていくことに

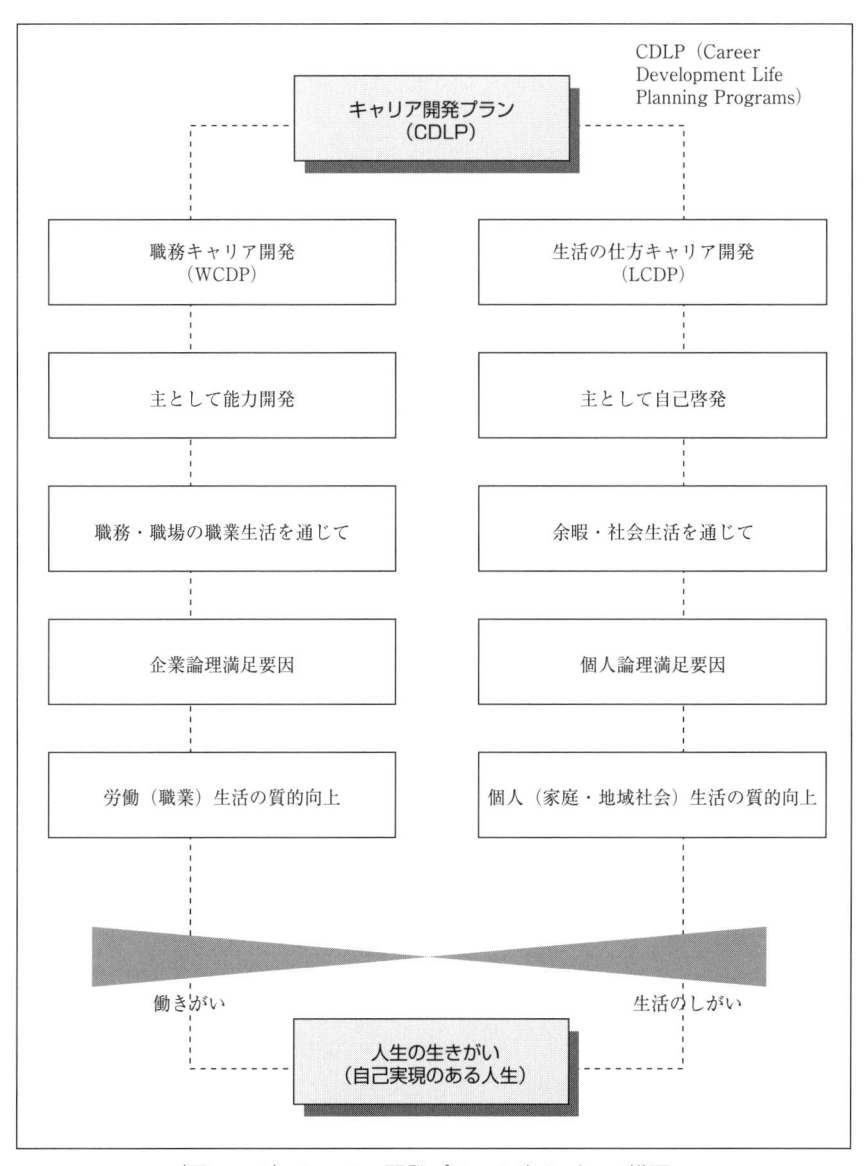

〈図8－2〉キャリア開発プランと生きがいの構図

資料：望月衛『PREP に関する研究』

出所：PREP 経営研究所編『ないすらいふ情報』通巻第 34 号 199 頁（中高年齢者雇用福祉協会、2017 年）。

したい。

　キャリア開発プランには、〈図8‐2〉に示したように2つのキャリア開発プランが考えられる。すなわち、第1のプログラムは今後の職業人として期待されるための労働（職業）生活の質的向上を目指す「職務キャリア開発（WCDP :Working Career Development Program)」である。

　第2のプログラムはこれからの社会人として期待されるための個人（家庭・地域社会）生活の質的向上を目指す「生活の仕方キャリア開発（LCDP :Living Career Development Program)」である。

（1）職務キャリア開発
1) 職務キャリア開発とは

　職務キャリア開発（WCDP）は、能力開発を中心として、職業生活を通じて、企業論理を満足させる要因となる労働（職業）生活の質的向上を目指すプログラムである。同時に個人の働きがいの追及と自己実現のある人生を目指すプログラムである〈図8‐3〉。

　このプログラムは、企業にとっては、現実の経営活動の上で労働の質的向上を期待するものであり、個人においては、日々の職業生活を遂行する中で、過去に積み重ねてきた知識や技術・技能をさらに向上させながら、自己の職務を通じて積極的に能力開発を行うことや、自己啓発によって自己実現のできる職業生活を送っていくことを内容としている。

　一般に、職務キャリア開発のための能力開発を必要とするための目標達成の方法としては、①将来必要な知識や技能を考え、不足している知識や技能を目標にして、あくまでも自分で自主的に計画して身に付けるようにする自己啓発、②職場内で仕事を通じて計画的に必要な新しい知識や技能などについて機会をみてもらって身に付けるようにする OJT（On-the-Job Training)、③職場外で実施される集合訓練、セミナーなどに参加し、新しい知識や技能、資格などを身に付けるようにする OFF・JT（Off-the-Job Training）の3つが挙げられる。

2) 職務キャリア開発の効果

職務キャリア開発は、現役世代の職務遂行に役立つだけではなく、転職や定年退職後の再就職のためにも重要なものである。転職や定年退職者が再就職をするとき採用する側の企業は、その人の勤務年数やどのような役職を経験したかということは、あまり重要視していない。企業にとって必要な情報は、①その人は何ができるか、②社会的に通用するどんな知識や技術・技能を持っているか、③どんな仕事をこなしどれだけ役立つか、④どんな問題解決の能力を持っているか等が採用する側の判断基準になる。そのような企業の要求を満た

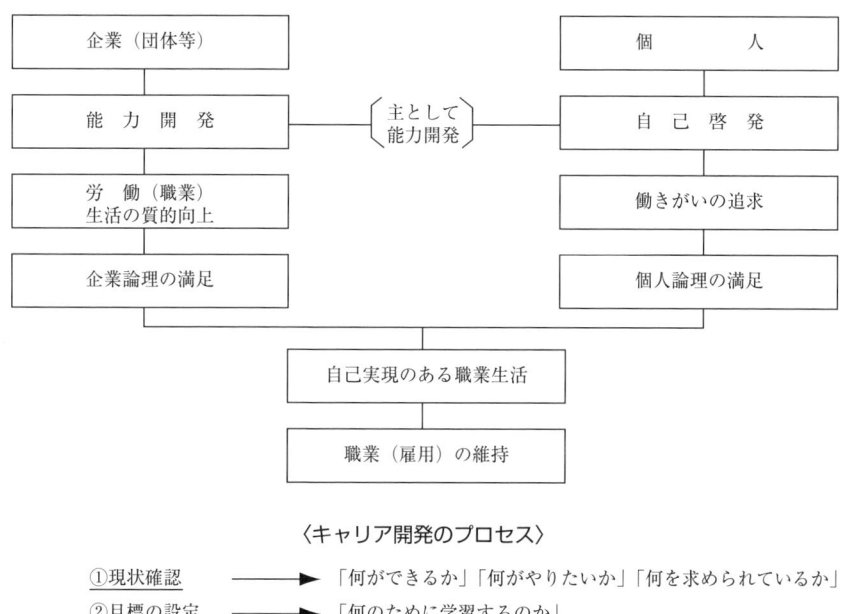

〈職務キャリア開発（WCDP）〉

〈キャリア開発のプロセス〉

①現状確認 ──────▶ 「何ができるか」「何がやりたいか」「何を求められているか」
②目標の設定 ──────▶ 「何のために学習するのか」
③計画づくり ──────▶ 自分で学習できる進め方
④実　　行 ──────▶ 具体的プランの実施
⑤成果の測定 ──────▶ 実行の結果確認
⑥次のステップ ──────▶ 次の計画へフィードバック

〈図8－3〉職務キャリア開発（WCDP）の概要とプロセス

出所：PREP 経営研究所編・前掲書〈図8－2〉200 頁、207 頁。

すためには、現役時代の早い時期から企業人として積み重ねてきた知識や技術・技能をさらに深め広げていく職務キャリア開発が重要となる[9]。

（2）生活の仕方キャリア開発

　生活の仕方キャリア開発（LCDP）は日常生活の中で、自主的に目標に向かって豊かで充実した生きがいのあるライフプランを創造するためのプログラムである（〈図8‐4〉）。このプログラムは、日々の生活の中で、見る、聞く、話す、読む、書く、参加する、実践する、などの生活体験の中で、具体的に進めていくプランである。

　生活の仕方キャリア開発は、労働時間以外の時間―平日の終業時以降の時間、週末の休日、大型連休（年末・年始、ゴールデンウイーク、夏季休暇）など、個人の自由時間の場（家庭、地域社会）でそれぞれの価値観やライフスタイルに根ざして、多彩にデザインできるところに特色がある。しかし、会社の仕事だけを生きがいにしてきた人の中には、定年後に生活の目標を失い、新たな人生の選択もできず、毎日の自由時間の過ごし方に戸惑っている人も少なくない。

　定年後約30年という貴重な自由時間を個人として、いかに健やかに、いかに自主的に、いかに内容豊かに充実して生きるか―そのためには明確な目標と、日々の生活に着目した生活の仕方キャリアが必要である。

　定年後には、長年の職業生活で培った能力や経験・特技などを活かして、①再就職する、②ライフワークに取り組む、③学習や趣味を深める生活をする、④地域活動やボランティア活動をするなど、目標のある生活が生きがいになる。

　以上述べたように、人間性豊かな社会人間を目指して、自分らしさを発揮できるライフプランを創造し、その具体化を図っていくことが、生活の仕方キャリア開発の意義と言える[10]。

〈生活の仕方キャリア開発（LCDP）〉

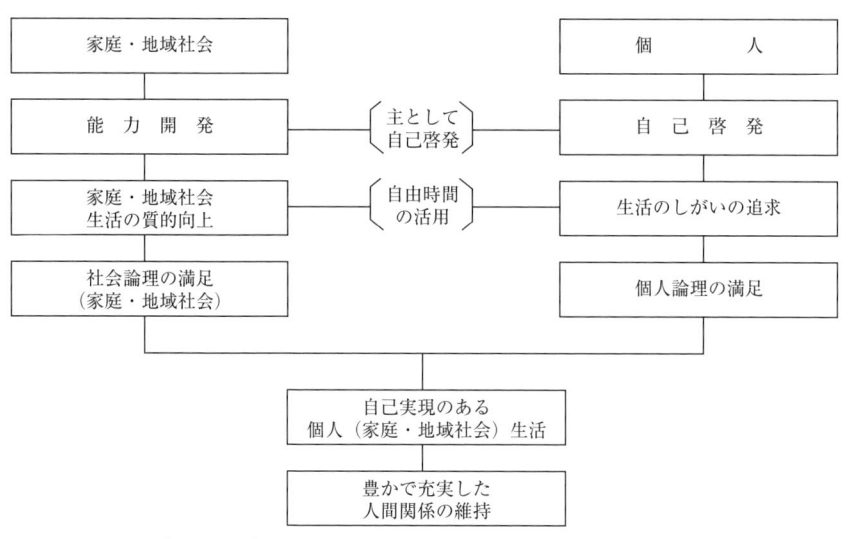

〈図8－4〉生活の仕方キャリア開発（LCDP）の概要

出所：PREP 経営研究所編・前掲書〈図8－2〉201 頁。

（3）キャリア開発とライフステージ

　人生の中で、キャリア開発プランを作る場合、基本的な考え方が必要であるが、〈表8－1〉の「キャリア開発プランのためのライフステージ構想」（例）は、その基本的な考え方を示したものである。

　このライフステージ構想（例）は、現代人のライフサイクルから見た職業生活をいくつかの段階に区切って考えたものであるが、年齢の面でより現実的で効果的な生活設計を立てるべきと思われる。

　なお、ライフステージに応じたキャリア開発プランの意義は、①職務に密着した知識・専門教育とは別の観点から、組織人として、また、個人としてのライフステージに対応して自分自身を振り返り、より充実した自己実現にチャレンジする機会とすること、②自分の生涯にわたるキャリアを、主体的、積極的にデザインし、目的の実現に向けて能力開発計画を立て推進することにあると言える。

〈表 8 − 1〉キャリア開発プラン（CDLP）のためのライフステージ構想（例）

	年　　齢	職業生活（社会生活）	ライフワーク
第一期	就職〜 34 歳頃	自立期	（気 づ き 期）
第二期	35 歳〜 50 歳頃	専門家として安定期	準備計画期
第三期	51 歳〜 60 歳頃	完成期	能力開発期
第四期	61 歳〜 70 歳頃	維持期	始動期
第五期	71 歳〜 80 歳頃	（社 会 活 動 期）	個性的ライフワークへの努力期
第六期	81 歳以降	（社 会 活 動 期）	個性的ライフワークへの完成期

出所：PREP 経営研究所編・前掲書〈図 8 − 2〉170 頁。

COLUMN 8／ライフワークの意義

　ライフワーク（lifework）とは、人が生涯の仕事として人生を捧げたテーマのことである。「私は日本中世史の研究をこれからのライフワークにしたい」とか「私は今やっている薔薇の花づくりをずっと続けて、これをライフワークにしたい」というように、あまりライフワークということを深く考えないで単なる教養のための学習、研究や好きな趣味に取り組むことがライフワークだと簡単に考えている人たちがいる。

　しかし、ライフワークとは趣味とイコールではない。趣味が高じてそれが仕事になった場合にはライフワークと呼べるが、楽しむことが中心で趣味が収入に繋がっていない場合は違うものである。

　ライフワークとは、よく「天職」と訳される。天職と言うと、自分が夢中になって打ち込める仕事や自分の才能を生かした仕事のことを指す。自分自身が情熱を持って取り組むことができ、さらにその活動で収入を生み出し、周りの人を幸せにできる働きのことをライフワークと呼ぶ。

　ライフワークの一般的な条件を示すと以下のとおりである。

条　　件	概　　要
①長い年月にわたって貫くもの	20 年、30 年という長い年月をかけて、密度の濃い、実質的には生涯に等しいようなものを続ける仕事である。
②他人からの押し付けではないもの	自分の積極的な意思で、自主性、自律性を持ってこの仕事を長く続けてやろうという目標や

	計画のもとに進められたものである必要がある。
③自分に適した、自分のやりたいもの	自分の好きなやりたい仕事で、やりがいや生きがいの持てる仕事、情熱を持てる仕事である。
④困難を伴うもの	その仕事がやさしくないということである。常に創意工夫や努力をしながらその仕事に取り組んでいき、やり遂げるたびに大きな喜び、幸せを感じる仕事である。
⑤自分の能力が向上するもの	その仕事を通じて自分の能力が年々向上していくということである。この場合の能力とはただ単に知識や技術、情報力などの頭脳面での能力向上という狭い意味のものではない。人格とか教養、人間性といったものを含めて、幅広い意味で能力向上を伴う仕事ということである。
⑥収入を伴うもの（収入を伴う可能性のあるもの）	価値のある仕事、言い換えると収入を伴う仕事である。ただし、ボランティア活動で無料奉仕をした場合、その仕事は長くやってもライフワークとは言えないのかというとそうではない。自分自身がその収入を辞退しているだけである。したがって、⑥の条件を正確に言うと、収入を伴う仕事、あるいは収入の可能性のある仕事ということになる。
⑦社会に役立つもの	その仕事が社会に何らかの形で貢献をしているということである。例えば、自分自身の利益に繋がらないことでも誰かを助けたり、誰かを幸せにできる活動のことも含む。

出所：井上富雄『人生設計・ライフワークの原理・原則』35 ～ 43 頁（総合法令、1994 年）を基に作成（著者一部加筆修正）。

　ライフワークの一般的な条件は上掲のとおりである。例えば、ビジネスパーソンは誰でもライフワークを持つことができるが、それは①から⑦までの条件を全部備えた仕事であることが必要である。したがって、誰もがライフワークを持てるけれども、簡単にあるいはひとりでに持てるというものではない。創意工夫が必要である。だからこそライフワークに価値がある。ライフワークを持とうとチャレンジする価値があるのである（井上・上掲書 42 頁）。

注

1) 宮城まり子「人生 90 年代のライフキャリアデザイン―自立への準備とクオリティー・オブ・ライフ―」明治安田生活福祉研究所編『クオータリー生活福祉研究』通巻 58 号 vol.15 No.2、17 〜 18 頁（2006 年 7 月）。

2) キャリア発達は、心理学や教育学を背景にしている言葉であり、「個人がライフサイクルの各発達段階の課題に対処し、次の発達段階に向けて発達・成長する」と捉えることができる。ライフサイクルとは、人生を課題とその対処の連続と捉え、人は次々に立ち現れる課題に対処することを通して、生涯を通じて発達・成長するという考え方である。これは生涯発達心理学の 3 つの基本仮説が背景としてある。その 3 つとは①人間は生涯発達する、②安定期と移行期がある、③段階に応じて発達課題があるということである。発達課題とは、例えば青年期では「自分とは何か」の間に答えることであり、中年期の発達課題は「次の世代を育てる」ことが挙げられる。また、人生の局面で遭遇する様々な問題も発達課題としてとらえることができる。例えば、仕事の領域でいえば、女性の場合は「結婚、出産、育児」という課題があるだろうし、新しい仕事に就く場合は、「適応する」という課題がある（大山正嗣「キャリア開発支援の展開〜キャリア・コンサルティング序論〜」専修大学商学研究所『商学研究所報』第 38 巻第 1 号 7 頁）（2006 年 5 月）。

3) 宮城・前掲注 1 ）18 〜 19 頁。

4) Goble, F.G., *THE THIRD FORCE : The Psychology of Abraham Maslow*, Grossman Publishers, Inc.1970 : 小口忠彦監訳『マズローの心理学』59 〜 83 頁（産業能率大学出版部、1982 年）。

5) 荒武勢津子「働きがいとは？―充実の心理学」山崎好祐編著『キャリア・プランニング―あなたの未来をひらく「しごと学」講義』143 〜 144 頁（中央経済社、2006 年）。

6) 小口監訳・前掲注 4 ）36 〜 57 頁。

7) 桐村晋次『キャリア形成支援の社会的意義・導入コース』（キャリア・コンサルタント養成講座、第二分冊）16 頁（雇用・能力開発機構、2003 年）。

8) PREP とは、Pre & Post Retirement Education and Life Planning Program（退職準備生涯生活設計教育プログラム）の略称であり、ヴァージニア・L・ボヤック女史（元南カリフォルニア大学教授）の考え方をもとに、日本で開発したプログラムである。

9) PREP 経営研究所編『ないすらいふ情報』通巻第 34 号 183 〜 184 頁（中高年齢者雇用福祉協会、2017 年）。

10) PREP 経営研究所編・前掲注 9 ）184 〜 185 頁。

総　　括
人生の転機とキャリア形成

　急速な高齢化の進展等経済社会情勢が大きく変化し、職業生活の長期化等労働者を取り巻く環境は、急激に変化してきており、個々の労働者のキャリア形成のあり方が非常に重要な課題となっている。

　労働者のキャリア形成を推進するにあたっては、労働者自らが主体性を持って自分自身の能力や特性に合わせたキャリア形成を行うことが重要である。

　現在、企業においてはキャリア形成支援の方策として、本人主導による自己申告制度、上司や人事教育部門によるキャリア面接制度、キャリア研修や自己啓発セミナーなどの教育制度の整備、通信教育や資格取得援助など自己啓発援助の制度化、事業部門などによる人材募集制度など、様々な取り組みが行われている。また、業績や専門能力のレベルによって人事評価が決められ、一方で自己実現欲求やキャリアアップに対する期待が高まるにつれて、能力開発に意欲的に取り組む人達が増えている。

　1989 年に *OVERWHELMED : Coping With Life's Ups and Downs*（武田圭太＝立野了嗣監訳『「選職社会」転機を活かせ』）を著し、1999 年度に全米キャリア開発協会（NCDA : National Career Development Association）会長を務めたシュロスバーグ（Schlossberg,N.K.）は、人生が転機の連続であり、それを乗り越える工夫と努力を通してキャリアが形成され開発される点を強調する。その場合に転機（transition）とは、人生において何らかの出来事に遭遇すること、あるいは予期したことが起こらずに発生した変化のことである。シュロスバーグによれば、キャリアはこうした転機に遭遇し、それとどう向き合い、どう対処するかといったことの積み重ねとして形成され、発展していくという捉え方をしている。また、どんな転機でも、変化を見定め、リソース（資源）を点検し、受け止めることで必ず乗り越えられるとしている。

　すなわち、変化を見定めるということは、どういう転機か、自分の役割、日

常生活、考え方、人間関係はどう変わったかなど自分の転機を認識することであり、また、転機を乗り切るためのリソースには、situation（状況）、self（自分自身）、support（支え）、strategy（戦略）の4つのSがあり、これを点検することが不可欠であると説く。

さらに、受け止めるということは、転機を乗り切るための戦略を立て、そのためのリソースを強化することや行動計画を立てることなどである[1]。

その上で、戦略の実践ということになるが、ここで重要なのは、転機をチャンスに転換させようとする発想である。転機を活用することでキャリアは大きく幅を広げ、同時に奥行きを深めるのに役立つと考える。

また、これから必要なのは主体的な生き方であり、働き方であるが、人生100年時代の人生をいかに充実して豊かに働き、そして生きるか、一人ひとりにとっての共通課題として今、我々の前に存在している。

誰にとっても目指すことは納得のいく充実した人生を送ることであると思われるが、そのためには、能力を磨いて意義ある職業に就き、自分の責任においてキャリアを切り開いていくことが、いままで以上に強く要請されるということになる。

注

1）　Schlossberg, N.K., *OVERWHELMED : Coping With Life's Ups and Downs*,New York : Lexington Books, 1989 : 武田圭太＝立野了嗣監訳『「選職社会」転機を活かせ』21 頁（日本マンパワー出版、2000 年）。本書の原題 *Overwhelmed* は「途方に暮れて」という意味であるが、これは人が新しい課題に直面したときの反応をあらわしたものである。逆境に直面したとき、人はなす術がないと思いがちである。逆境にあっては次々と変化が生じ、思いにあまる様々な決断を強いられるからである。しかし人は、それでも尊厳を損なうことなく必ず乗り越えていくことができると説き、本書では、人生の転機をうまく乗り切り、明るい人生を送るためのシステムを説明している。

《参考文献》

1) 赤堀勝彦『ライフ・キャリアデザイン―自分らしい人生を送るためのリスクマネジメント―』〔改訂版〕（三光、2012年）。

2) 阿部正浩＝松繁寿和編『キャリアのみかた―図で見る109のポイント―』（有斐閣、2010年）。

3) 江口匡太『キャリア・リスクの経済学』（生産性出版、2010年）。

4) 大久保幸夫『日本型キャリアデザインの方法』（日本経団連出版、2010年）。

5) 奥林康司＝平野光俊編著『キャリア開発と人事戦略』（中央経済社、2004年）。

6) 小樽商科大学キャリア教育開発チーム＝キャリアバンク編『大学ノムコウ』（日本経済評論社、2008年）。

7) 亀井利明『ソーシャル・リスクマネジメント論』（日本リスクマネジメント学会、2007年）。

8) 亀井利明＝亀井克之『リスクマネジメント総論』[増補版]（同文舘出版、2009年）。

9) 川端大二＝関口和代編著『キャリア形成―個人・企業・教育の視点から』（中央経済社、2005年）。

10) 刈谷剛彦＝本田由紀編『大卒就職の社会学―データからみる変化』（東京大学出版会、2010年）。

11) 木村周『キャリア・カウンセリング―理論と実際、その今日的意義―』（改訂新版）（雇用問題研究会、2003年）。

12) 桐村晋次『キャリア形成支援の社会的意義・導入コース』（キャリア・コンサルタント養成講座、第二分冊）（雇用・能力開発機構、2003年）。

13) 高良和武監修『インターンシップとキャリア―産学連携教育の実証的研究―』（学文社、2007年）。

14) 坂本恒夫編『キャリア形成ガイドブック』（中央経済社、2008年）。

15) 佐々木直彦『キャリアの教科書―「自分の人生。自分の仕事」をつかむエンプロイアビリティの磨き方―』（PHP研究所、2003年）。

16) 佐藤博樹編著『変わる働き方とキャリア・デザイン』（勁草書房、2004年）。

17) 高橋俊介『キャリア論』（東洋経済新報社、2003年）。

18) 橘木俊昭編著『働くことの意味』（ミネルヴァ書房、2009年）。

19) 日本キャリア教育学会編『キャリア教育研究』29巻1号（2010年9月）。

20) 日本キャリア教育学会編『キャリア教育研究』29巻2号（2011年3月）。

21) 村井雄＝為田英一郎＝神田秀一＝河野裕『キャリアを磨く学生のための生活百科』（ナカニシヤ出版、2005年）。

22) 村上龍『13歳のハローワーク』（幻冬舎、2003年）。

23) 八木章『キャリア・マネジメント―企業・大学・公的機関の取り組み』（中央経済社、2008年）。

24) Ferber, M.A. and B. O'Farrell, *Work and Family － Policies for a Changing Work Force*, National Academy Press,1991.

25) Lore, N., *The Pathfinder － How to Choose or Change Your Career for a Lifetime of Satisfaction and Success*, Simon & Schuster, 1998.

26) Norman, E., *Resiliency Enhancement*, Columbia University Press, 2000.

27) Reekie, W.D. and N.C. Hunt, *Management in the Social and Safety Services*, Routledge, 2001.

28) Schein, E.H., Career Dynamics : *Matching Individual and Organizational Needs.*, Addison-Wesley Publishing Co., 1978.

第 2 部
実 践 編

実践編

第1章　私のキャリアデザイン

1．自分史

　今までの自分がどのように歩んできたかを再確認することは、これからの自分をイメージする上で非常に重要である。なぜなら、今の自分を形成したのは自分が歩んできた過去であり、それは将来の自分をつくる上での大切な基礎でもあるからである。

　特に、困難を克服して達成した体験は、自分にとって大きな自信となる。このとき、世間的に認められた成果でなくてもよい。自分自身の中で「よくできたなぁ」と思えたら、それで十分である。

　自分史を描く上でのポイントは、以下のとおりである。

　①　できるだけ多くの具体的なエピソードを思い出し、書き出してみること

　②　そのエピソードから考えられる自分の性格を書き出してみること

　③　家族や友人に、自分がどう見えているのか聞いてみること

〈表1－1〉自分史シート

小学校卒業まで	好きなこと（趣味）は何か（理由も書く） 印象に残ることは何か（理由も書く）
中学生のとき	好きなこと（趣味）は何か（理由も書く） 印象に残ることは何か（理由も書く）

	好きなこと（趣味）は何か（理由も書く）
高校生のとき	印象に残ることは何か（理由も書く）
大学入学から現在	好きなこと（趣味）は何か（理由も書く）
	印象に残ることは何か（理由も書く）

2．大学生活の目標設定

　現在の日本には 359 万社（内、中小企業 358 万社：経済産業省 2016 年 6 月時点の集計結果公表。公表日 2018 年 11 月 30 日）にのぼる企業があり、数え切れないほどの職業がある。その中から、自分が一生の仕事にする職業に出会い、豊かな人生を送るためには、大学時代をどのように過ごせばよいのか。ここでは、将来どのような仕事に就き、どのような自分になりたいのかを設定し、将来の理想に近づくための目標を設定していく。

　大学生活の目標設定の設計図を描く上でのポイントは、以下のとおりである。

①　前頁で作成した自分史を踏まえ、「一生の仕事とする職業」を想定してみること

②　想定した「一生の仕事とする職業」に就くために、大学でするべきことを考えること

③　目標を達成するための具体的なスケジュールと行動を考えること

④　5 W1H の視点で考えること（目標設定は、Why（なぜ）、What（何を）、Who（だれと）、Where（どこで）、How（どのように）、When（いつまでに）の視点で考えると、より明確になる）

〈表1－2〉大学生活の目標設定シート

1．現在の自分の長所・短所
①長所（例：真面目、向上心、探究心、協調性、行動力、忍耐力、など） 具体的なエピソード ②短所（例：優柔不断，短気、頑固、消極的、人見知り、個人行動、無計画、など） 具体的なエピソード
2．人生で大切なこと（例：家族を大切にする、お金を得る、人に必要とされる、何かに打ち込む、自分のやりたいことをする、など） ① ② ③
3．なりたい自分（例：最後までやり遂げる、前向きになる、相手の立場で考える、人をまとめる、積極的になる、など）
4．将来のイメージ ①仕事 ②人間関係（家族） ③暮らし（収入）
5．卒業までの目標・挑戦（例：ゼミナール、専門的な勉強、語学、資格取得、留学、部活、ボランティア、旅行、苦手克服など、いつまでに、どのようにするかを記述） ① ② ③ ④ ⑤

3．未来設計図

　未来設計図を描く上でのポイントは、以下のとおりである。

①　10 年、20 年後の自分がどのような生活を送りたいのかをイメージする
　　こと

　それぞれの年代にしたがって、就職、昇進、結婚、出産、住まい、などをイメージしていくが、そのときにただ漠然と考えていたのでは具体性に乏しいプランになってしまう。より現実味のある設計図を描くためには、自分の憧れる身近な人や家族、住まいなどをイメージし、それに近づくためにはどうしたらよいのかを考える。

②　未来設計図はその都度、訂正・修正していくこと

　人生は思いどおりには進まない。様々な障害があり、嬉しい誤算もある。その変化に一喜一憂せず、むしろ楽しみながら、その都度、臨機応変に未来設計図を訂正・修正していこう。将来何かの壁にぶつかったり、思い悩んだりしたときに、未来設計図を確認することで初心を取り戻すことができる。

〈表1－3〉未来設計図シート

年　　代	仕　事　編
20 代前半	
20 代後半	
30 代前半	
30 代後半	
40 代	
50 代	
60 代以降	

年　　代	プライベート編
20 代前半	
20 代後半	
30 代前半	
30 代後半	
40 代	
50 代	
60 代以降	

第2章　エントリーシート

1．エントリーシートの意味

エントリーシート（entry sheet :ES）とは、通常、イベント等への参加を希望する者が、参加希望の意思や必要事項等を記載し、その主催者に対して提出する書類・応募用紙のことを言う。要するに「申込書」のことである。ES と略されることも多い。

なお、entry sheet は和声英語である。実際の英語では、application form や entry blank などという。特に就職活動におけるエントリーシートに限定する場合は、英語では job application などと言う。

就職活動におけるエントリーシートとは、企業が「会ってみたい学生」を絞り込む応募書類である。

内容は、氏名と連絡先・出身校名（中途採用の場合はこれに加えて職歴）を記載する欄のほか、各企業が独自に作成した何問かの設問がある。これらの設問の内容は志望動機や自己 PR に関連した内容がほとんどで、記入欄が広く取られ、論作文試験と同じような形式になっていることが特徴である。

エントリーシートは一次選考として応募者の絞込みに主に使用される。企業の中には書類選考的な意味を持たせているところも多く、応募者の大部分がエントリーシートで不合格となる場合もある。

2．エントリーシート作成のポイント

エントリーシートで出題される質問は、大きく6つのテーマに分かれる。

① 自己 PR・学生生活

ポイントは、最も伝えたい一つの事柄に絞り込んで書く。 また、抽象的な表現を避け、具体例を挙げながら表現するとともに理由付けをしっかりして論理的に書く。

② 　志望動機

　ポイントは、業界だけでなく、志望企業についてしっかり研究していることをアピールする。また、「やってみたいこと」は具体的に書く。

③ 　企業とのマッチング

　ポイントは、志望企業がどのような人材を求めているのかを把握しておく。また、志望企業の事業内容・仕事内容にうまく関連付けるように書く。

④ 　職業観・価値観

　ポイントは、自分の職業観・価値観を、うまく志望企業に結び付けるように書く。また、将来に対してやる気や意欲が感じられる文面にする。

⑤ 　学業（ゼミナール）

　ポイントは、志望企業の事業内容・仕事内容とのかかわりを念頭に置いて書く。

⑥ 　志望企業の商品に対する課題・提案

　ポイントは、志望企業が置かれている環境をよく踏まえた上で書く。また、オリジナリティの感じられる内容にする。

〈表2－1〉エントリーシートの例

①学生生活の中で、あなたが最も力を入れたこと、また、そこから得たものについて記入してください（200～250字程度）

②当社を志望される理由についてお書きください。また、当社でチャレンジしてみたいことをお書きください（200～250字程度）

③今まで学んできたことを、当社でどのように生かしたいと考えていますか（200～250字程度）

④あなたにとって「働く」とはどういうことか説明してください。また、10年後の「ありたい自分」「なりたい自分」についてお書きください（200～250字程度）

⑤あなたが学業で最も力を入れて取り組んだことは何ですか。その理由も含めて説明してください（200～250字程度）

⑥当社商品を一つ挙げ、その強みと課題をお書きください（200～250字程度）

実践編

第3章　自己紹介

　自己紹介の準備として、まず紹介すべき材料を集める。そして、特に強調したいポイントを決め、それを文章にしてみることである。

　就職の面接試験での自己紹介は簡潔にすることである。目安は30秒程度、1分を超えると長い。氏名、出身校、家族、部活、趣味などを簡潔に話すことがポイントである。志望動機も自己PRも話す必要はない。それらは別の機会で必ず質問される。相手が求めているもの、聞きたいものを的確に把握すること、それがコミュニケーションスキルである。30秒から1分であるので、注意すべき点は次の3つである。

① 　ハキハキ話すこと

② 　簡潔に説明すること

③ 　専門用語などは使わず、分かる言葉で話すこと

　このように、ハキハキとした大きな声で、簡潔に話す。そして「以上、簡単ではありますが、何か質問がございましたらお願いします」と、質問を求めるくらいでよい。それが企業の求める、社会に出てからも通用する本当のコミュニケーションスキルである。多くの学生が焦って自己PRをしてしまうことが多いので注意しよう。なお、自己紹介の最後には「本日はよろしくお願いいたします」と一言付け加えるとよい。

〈表3-1〉自己紹介作成シート

1．基本情報（氏名、出身校、家族など）
2．部活、サークル、趣味など

実践編

第4章　自己PR

　自己PRとは読んで字のごとく、"自分をピーアール（アピール）すること"である。自己PRというのは、自分がどういう人間かを発表するだけでなく、発表した上で、そのことを相手に納得させなければならない。自己PRしたことによって、相手が自分のことをどう思ったのかが重要になる。自己PRは、履歴書やエントリーシート（ES）だけでなく、面接（個人・グループ）でもよく聞かれるがこの内容を考えるのに悩む人がかなり多いようである。誰にでも「強み」は必ずある。大学生活の様々な場面で経験した、失敗や成功、長く続けた活動などが、自分の強みを形づくっている。自分の強みがよく分からない場合は、家族や友人・知人に強みを聞いてみるのもよいだろう。

　自分の強みを上手に伝えるためのポイントは次の3つである。

① **強みを一つに絞って自信を持ってアピールすること**

　伝えたい強みなどのアピールポイントは、一つに絞る。複数のアピールポイントが混在していると、「結局この人は何が強みなのだろう？」と面接官が分からなくなってしまうからである。

② **強みを具体的に語れるようにすること**

　自己PRを伝える際には、「私の強みは○○です。それは、〜（エピソード）」とつなげて、強みの根拠をエピソードで示すとよい。例えば、「私の強みの一つは自分の意見をうまく発信できる力です。部活で所属していた吹奏楽部では、常にWebサイトでコンサートの告知を行い集客に貢献しました。この力を御社の営業部門でぜひ試してみたいです」というように、実際の仕事の現場でどのような働きができそうか、志望先の企業が想像しやすいように具体的なエピソードを交えて語れることが求められる。

③ **志望先に合わせたアピールポイントになっていること**

　自分が伝えたいアピールポイントは、志望先が興味を惹きそうなポイントと合っていることが大切である。例えば、志望先企業は明らかに活発な人が欲し

いのに、真面目であることをアピールし過ぎると企業の求めるものとずれてしまう。もちろん、真面目な人は企業には必要ではあるが・・・。

　学生時代に取り組んだことや頑張ったことのエピソードが複数ある場合は、その中から、より志望先が惹かれそうなものを選んで伝えていこう。

　結局、"相手が理解しやすいか"、"相手が何を求めているか"といった「相手目線」を持つことが大事である。自分が伝えたいことだけで終わらないよう、「相手目線」も意識して自己PRすることが必要である。

〈表4－1〉自己PR作成シート

STEP 1.　自分の強み（自信のあることに絞る。あれもこれも書こうとしないこと）
STEP 2.　具体的なエピソード（志望先企業にとって魅力的なエピソードか？　エピソードは強みを裏付ける内容にすること）
STEP 3.　自己PR（自己アピールする長所は何か明確に示す。求められる人材像に沿ってアピールしていく。冒頭に長所を示し、具体的なエピソード、社会でどのように活かすかをまとめる）

実践編

第5章　グループディスカッション

1．グループディスカッションの意味

　グループディスカッション（group discussion）とは、あるテーマについて、比較的少人数のグループで行う討議のことを言う。最近、選考活動の中でよくみられるのがこの「グループディスカッション」で、略してGDやグルディスなどとも呼ばれる。

　グループ討議では、5〜10名程度の学生を1グループとして、その場で与えられたテーマと条件を合わせて、学生が主体的に自由に討議する。

　進め方は、グループ内での役割分担を決めるところから始め、制限時間内に1つの結論を導き出し発表する。面接官は議事進行をせず、評価のみ行うのが一般的である。

　グループ討議では、表現力、コミュニケーション能力、論理性などのほか、集団内での遂行力も求められる。

　面接官は、一人ひとりの能力と個性を相対的に比較し、評価できる。

　この特徴は、討議の結論ではなく、結論に至る過程こそが評価の対象となることである。また、参加者全員の協働の意識が問われることになる。

　グループでの活動形式は、そのほかに、グループワーク（group work）やディベート（debate）、シミュレーション（simulation）などがある。

　グループワークは、与えられた課題に応じて、グループで企画案や計画案を作り、その内容を発表する。

　ディベートは、グループを賛成（肯定）派と反対（否定）派に分け、それぞれの立場の正しさを主張する。どちらが納得できる論理を展開できるか、反対されたときに冷静に対処できるかなどがチェックされる。

　シミュレーションとは、自分たちが実際に働く立場にいると仮定して、ビジネス上の問題の解決方法を議論する。

2．グループディスカッションでの評価のポイント

　グループディスカッションで大切なことは、チームの議論に貢献することである。ここでは、評価のポイントを以下に示すこととする。

〈表5－1〉　グループディスカッションでの評価のポイント

ポイント	概　要
主体性・能動性	①自分の意見をきちんと持って発言しているか ②常に議論の場に参加しようとしているか ③自分の立場を自覚し、積極的にその役割を果たしているか
協調性	①議事がスムーズに進行するように協力しているか ②人の発言を尊重し、全員参加できるよう配慮しているか ③対立する意見を受け止めようとする姿勢があるか
コミュニケーション能力	①人の意見を聞いて正しく理解しているか ②自分の意見を論理的に分かりやすく述べているか ③複数の意見をまとめて道筋をつけていく力があるか

出所：ベネッセ i - キャリア編集協力『就職活動ガイドブック〈2019〉』92頁を基に作成（著者一部加筆・修正）。

3．グループディスカッションの対策とポイント

　対策とポイントを以下に示すこととする。

〈表5－2〉　グループディスカッションの対策とポイント

ポイント	概　要
「自分の意見」を確認する	主張したいことを確かめ、勇気を持って発言する
「論点」を考える	何について、どのような結論を目指しているのかを意識する
「人の意見」を聞く	考えの違いに気づき、良いところは取り入れる
「理由」を考える	なぜその意見なのか、常に論拠を考える

出所：ベネッセ i - キャリア編集協力・前掲書〈表5－1〉93頁を基に作成（著者一部修正）。

4．グループディスカッションでの注意点

注意点は以下のとおりである。

① 発言すること

発言しなければ何の評価もできない。同意見でも自分なりの論拠などを示すことが大切である。

② 独演会にならないこと

自分だけが長時間しゃべり続けない。聞く耳を持たない人とは一緒に働けないからである。周りの人たちが話しやすい環境を整えるのも重要な要素であるという認識を持つ。

③ 知ったかぶりをしないこと

中途半端に聞きかじった専門用語を振り回さないようにする。事実に基づいて話すことである。

5．グループディスカッションのテーマ例

グループディスカッションのテーマは、社会、政治問題に関わるテーマから発想力を問われるテーマまで、企業によって幅広く異なる。ここでは、グループディスカッションの一般的なテーマ例を参考として〈表5－3〉に示すこととする。

〈表5−3〉　グループディスカッションのテーマ例

種　　類	テーマ例
就活に関わる内容	①新入社員に求められる能力は何か？ ②就職活動を通して重要だと感じたことは何か？ ③学生と社会人の違いを5つ挙げよ
社会、政治問題に関わる内容	①働き方改革で何が変わるのか？ ②待機児童を減らすための方策とは何か？ ③地球温暖化問題を解決する方法とは何か？
会社の事業に関わる内容	①新しく事業を行うなら何をするか？ ②この業界をさらに発展させていくために必要なことは何か？ ③残業問題を減らす効果的な方法とは何か？
ビジネス的発想力を問う内容	①良い会社とは何が基準になるのか？ ②店長としてどのようにアルバイトを教育するか？ ③生き残る会社の特徴とは何か？

　グループディスカッションのテーマ例は上掲のとおりであるが、地方自治体の場合には、少子高齢化対策、人口減少対策、防災・減災対策、地方の活性化・地方創生、観光客の減少対策など地域に関わる内容が一般的なテーマ例として挙げられる。これらは、公務員試験の小論文で従来から出題の多いテーマ例でもある。

　また、教員採用のグループディスカッションのテーマ例としては、生徒の学力向上、生徒のコミュニケーション能力の向上、学校・家庭・地域との連携、校則違反を繰り返す生徒への対応、防災教育などが挙げられる。

　グループディスカッションは、複数人で行うので、同じテーマでもその解答は十人十色である。正しい解答はない。自信をもって自分らしい意見を発言して、議論することが大切である。

実践編

第6章　私の長所チェック

　就職活動でのエントリーシートには、必ずといっていいほど長所と短所を記入する欄がある。また、面接でも長所や強み、自己PRなどは必ず問われる。

　特に、自分の長所や強みをチェックして、長所をリスト化すると前向きになり、自信がつくので就職活動においても役に立つ。

　ここでは、50の長所の言葉を挙げているのでそれぞれ自分に当てはまるかどうかチェックしよう。

〈表6-1〉　私の長所チェックリスト

	長所の言葉	チェック
1	親しみやすく、人づき合いがよい	
2	明るく陽気な性格で、愛想がいい	
3	笑顔と明るい声で、好感を持たれる	
4	楽天的で、ものごとの良い点を見つけることができる	
5	人にやさしい態度で接し、親切に行動する	
6	初対面の方とも親しく話をすることができる	
7	思いやりがあり、相手の立場に立って考えることができる	
8	礼儀正しく人に接し、正しい言葉遣いができる	
9	面倒見がよく、世話好きである	
10	人には誠実な態度で接することができる	
11	親身になって人の相談に乗るので、仲間や後輩などから慕われる	
12	慎重であり、細かい注意力がある	
13	よく気が利いて、てきぱきと行動する	
14	落ち着きがあり、冷静に行動することができる	
15	目標を立てて、粘り強くやり遂げることができる	
16	単調な仕事でも、根気よくやり遂げることができる	
17	困難なことでも最後まで諦めず、粘り強く行動する	
18	現状に甘んじることなく、常に高い目標を掲げて努力する	
19	目標を定めて、その実現に向けて計画的に実行する	

20	決めたことは、根気よく最後までやり遂げることができる	
21	一つのことを成し遂げる継続力がある	
22	任された仕事は確実に実行し、責任を果たすことができる	
23	強い責任感を発揮し、自分の役割を果たすことができる	
24	負けず嫌いな性格なので、失敗しても次には成功するよう努力する	
25	意志が強く、一度決めたことは困難に遭遇しても必ずやり遂げる	
26	ものごとを綿密に計画を立てて、実行することができる	
27	PDCA（Plan-Do-Check-Act：計画・実行・検証・改善）サイクルを活用して行動できる	
28	チャレンジ精神が旺盛で、勇気を持って行動できる	
29	好奇心が旺盛で、幅広く興味を持つことができる	
30	視野が広く、大局的に判断することができる	
31	押しが強く、自分の意見を通すことができる	
32	精神的に強く、立ち直りが早い	
33	失敗をバネにして、一層の進歩を図ることができる	
34	逆境にめげず、目標を達成することができる	
35	向上心があり、自己の成長のために高い目標を掲げることができる	
36	困難な状況にあってもプラス思考で、前進することができる	
37	ものごとをポジティブに発想し、明るい考え方で行動できる	
38	自分を客観的に把握して、改善することができる	
39	多くの人の意見を取り入れて、最善の方法を考えることができる	
40	ものごとに熱心に取り組み、よい結果を生み出すことができる	
41	物怖じしない性格で、緊張やストレスに強い	
42	協調性があり、人とうまくコミュニケーションをとることができる	
43	誠実であり、様々な人と信頼関係を得ることができる	
44	多角的な視点でものを見て、客観的に判断できる	
45	探究心が強く、不明なことは納得ゆくまで研究する	
46	自分の課題を発見して直視し、それを克服するために努力する	
47	複数の仕事を効率的に遂行し、成果を上げることができる	
48	創意工夫をして斬新なアイデアを出すことが得意である	
49	チームワークを生かして目標を達成することができる	
50	状況をよく見て、先を見通して行動することができる	

出所：大学生の就職活動関係資料を基に作成。

第7章　言葉遣い（敬語）

　言葉遣いは心遣い・気遣いを形に表したものある。人と話すときは、相手に好感を与えるような心のこもった言葉で話すことが大事である。要は、言葉遣いとは、心を込めた、自分自身の声で、和やかな雰囲気で、やさしい表現で話すことである。基本は丁寧語を使うが、相手や場面に応じて尊敬語や謙譲語を使う。丁寧語は「です・ます」など丁寧な表現をすることで相手に敬意を示す。尊敬語は目上の人への敬意を示すもので目上の相手に対して使用する。謙譲語は自分を低い位置に置くことで、相手に敬意を示すもので自分や自分の身内に対して使用する。頻度の高い基本的な敬語を覚えて、使い慣れていくことが大切である。

　参考までに、使用頻度の高い敬語（動詞）を下表に示すこととする。

〈表7－1〉使用頻度の高い敬語（動詞）

	尊敬語（相手に使用）	謙譲語（自分に使用）	丁寧語
する、やる	なさる、される	いたす	します
いる	いらっしゃる	おる	います
言う	おっしゃる	申す、申し上げる	言います
聞く	お聞きになる	伺う、拝聴する	聞きます
行く	いらっしゃる、行かれる	参る、伺う	行きます
来る	いらっしゃる、おいでになる	参る、伺う	来ます
見る	ご覧になる	拝見する	見ます
会う	お会いになる	お目にかかる	会います
食べる	召し上がる	いただく	食べます
読む	お読みになる	読ませていただく	読みます

出所：ベネッセ・キャリア編集協力『就職ガイドブック〈2019〉』82頁を基に作成（著者一部加筆・修正）。

　もし、敬語の使い方に自信がない場合は、「恐れいりますが」、「せっかくですが」、「失礼ですが」、「もし差支えなければ」などクッションとなる言葉を冒頭に付けて、あとは「です・ます」の丁寧語で話せば印象はかなり良くなる。敬語はもともと、お互いが相手を尊重し、対等な立場になって率直に話すための有力な手段であることから上手に活用して、円滑な人間関係を築くことが大切である。

〈表7－2〉間違いやすい敬語の用例（テスト）
　以下のシートで、間違っている敬語の部分に線を引いて訂正してください。

家庭の周りで	長男には特に英語を教えてあげて下さい。 お気をつけてお帰り下さい。 うちのお父さんはアメリカに行っています。 お母さんが買って下さいました。 おばあちゃんは95歳でまだ元気にしておられます。
学校の中で	ご父母の皆さんにご心配をかけまして申し訳ありません。 朝礼で校長先生がお話しされたように・・・。 ご相談がありますので、午後、私が学校に行きたいと思いますがご都合はどうでしょうか。 先生は北海道にまいられたことはありますか。 先月、出版された先生の本を楽しく読みました。
公共の場で	ほかのお客さんが迷惑します。通路を広くあけて下さい。 ○○さん、おりましたら改札口まで来て下さい。 車内は大変込んでいます。もう少し中につめてやって下さい。 傘などの忘れ物をしないようにお願いします。 網棚には重いものは載せないようにお願いします。
職場で	きのう、頼まれた資料ができましたので見て下さい。 いま、課長が申されたことをよく守って下さい。 部長はあしたの会議のことを課長から聞いていますか。 木曜日はお休みさせていただきます。 社長は今年度の売り上げにご満足されているようだった。
お客様との応対	課長はあいにく外出されています。 ○○社の○○さんが受付にお見えになられました。 課長があしたそっちに行って説明するとおっしゃっています。 部長はすぐにいらっしゃいますので応接室でお待ち下さい。 お宅の会社のことは前から知っていました。 ここに会社名を書いて2階の○○課に行って下さい。

（解答例は〈表7－3〉参照）

出所：田中敏之『実践マナー講座』33頁（経営書院、2006年）を基に作成（著者一部修正）。

〈表7－3〉間違いやすい敬語の用例（テスト解答例：下線を引いた箇所が正しい）

家庭の周りで	長男には特に英語を教えて<u>やって</u>下さい。 どうぞ<u>お気をつけになって</u>お帰り下さい。 うちの<u>父</u>はアメリカに行って<u>おります</u>。 <u>母</u>が買って<u>くれました</u>。 <u>祖母</u>は95歳でまだ元気にしております。
学校の中で	ご父母の皆さまにご心配を<u>おかけいたしまして</u>申し訳ありません。 朝礼で校長先生が<u>お話しになった</u>ように・・・。 ご相談がございますので、午後、私が学校に<u>うかがい</u>たいと思いますがご都合は<u>いかがでございましょうか</u>。 先生は北海道に<u>いらっしゃった</u>ことはございますか。 先月、出版された先生の<u>ご著書</u>を楽しく<u>拝読いたしました</u>。
公共の場で	ほかのお客さまのご迷惑になります。通路を広く<u>おあけ</u>下さい。 ○○さま、いらっしゃいましたら改札口まで<u>お越し</u>下さい。 車内は大変込んでいます。少々中ほどに<u>おつめ</u>下さい。 傘などのお忘れ物を<u>なさらない</u>ようにお願いいたします。 網棚には重いものはお載せにならないようにお願いいたします。
職場で	<u>さくじつ</u>、ご指示の資料ができましたので<u>ご覧</u>下さい。 いま、課長が<u>おっしゃった（お話しになった）</u>ことをよく守って下さい。 部長は<u>みょうにち</u>の会議のことを課長から<u>お聞き</u>でしょうか。 木曜日は<u>休ませ</u>ていただきます。 社長は今年度の売り上げにご満足のようだった。
お客様との応対	課長はあいにく外出<u>しております</u>。 ○○社の○○様が受付に<u>お見えになりました</u>。 課長が<u>みょうにち</u>、そちらに<u>おうかがいして</u>ご説明すると<u>申しております</u>。 部長は<u>まもなくまいります</u>ので応接室でお待ち<u>いただけませんでしょうか</u>。 <u>おん社</u>のことは前から<u>存じあげております</u>。 ここに会社名を<u>お書きになり</u>2階の○○課に<u>お越し</u>下さい。

出所：田中敏之『実践マナー講座』142頁（経営書院、2006年）を基に作成（著者一部修正）。

実践編

第8章　マナーの基本

1. マナーとは

　マナー※とは、行儀作法、礼儀、ある行為や事柄に関するやり方や態度を言う。マナーは国や民族、文化、時代、宗教の様々な習慣によって形式が異なるし、また、個人間でも価値観や捉え方による差異がある。

　ビジネスマナーは、挨拶や正しい言葉遣い、身だしなみ・態度、丁寧な電話の受け答えなどを指す。マナーは、仕事の場でスムーズかつ有利に仕事を進めるための最低限の常識である。仕事と切り離せないマナーは、社会人として資質を測る物差しとして重要視されている。また、「マナーは行動の教養」※※とも言われ、性格や価値観、能力と同等視される。就職活動を成功させるためにも、ビジネスマナーをしっかり身に付けることが大切である。

> ※英語では"manner"と"manners"の単数形と複数形では意味が異なる。単数形のときは、方法、仕方、態度、挙動などを意味するが、複数形のmannersは、行儀が良い、良い態度、良い作法などという具合に、頭に「良い」という形容詞がつく。ここで取り上げるマナーは、複数形のmannersの方である。
> ※※例えば、イギリス人にとってマナーは「自立した人間として、他人に不快な思いをさせないための自発的な行動」であり、マナーを欠いた行動で他人を不快にさせるのは、教養のない証拠と認識されている。

2. 就活（就職活動）のマナー

(1) 就活のマナーのポイント

　就活のマナーのポイントを〈表8－1〉に示すこととする。

〈表8-1〉就活のマナーのポイント

シチュエーション別で見る方法	ポイント
対面でコミュニケーションをとる場合	①服装・身だしなみは、清潔にする ②態度やお辞儀、座り方は、柔らかく自然に行う ③挨拶は、はっきり明るく行う ④言葉遣いは、正しく丁寧に行う
電話でコミュニケーションをとる場合	①相手の都合を考え、電話をかけてもよい時間を考える（通常、ビジネスのオンタイムは、午前9時〜午後5時。この時間内で、かつ昼の時間帯や朝のミーティングの時間、就業時間間際などを避けて電話する。万が一避けるべき時間帯に電話をしなければいけないときは、その理由を一言添えるようにする） ②電話での話し方は、聞き取りやすい声の調子で行う ③電話応対は、丁寧に感じよく行う ④流れと状況に応じた電話のかけ方をする
手紙・メール・書類でコミュニケーションをとる場合	①手紙・封書・はがきの書き方は、書く前に正しく把握する（時候の挨拶など手紙ならではの習慣も頭に入れておく。郵便番号、都道府県名は省略せずに記入する。法人名は省略したり、（株）、（財）などと書いたりしない。株式会社が前か後かも確認する） ②Eメールの書き方のルールをマスターする（簡潔で分かりやすい内容を心がける。半角カナ文字や絵文字を使わない。テキスト形式で送る。分かりやすい件名をつける。自分の所属や連絡先を書く） ③書類の書き方の基本を調べてから書く ④敬語の使い方を間違えないように注意する

出所：ベネッセi-キャリア編集協力『就職ガイドブック〈2019〉』72〜73頁を基に作成（著者一部加筆・修正）。

（2）就活生のマナー常識

　マナーは、人と人が気持ちよくコミュニケーションするためのものである。つまり、相手がどう感じるか、どうすれば印象のよい人だと思ってもらえるかを常に考える意識が大切である。

　「マナーの基準は相手がつくる」が鉄則で、マナーの基準を自分においてはいけないということに注意する。年齢、性別、肩書きなどから相手に相応しい言葉遣いや態度をとるように心がけることである。

　参考として、就活生のマナー常識例を〈表8－2〉に示すこととする。

〈表8－2〉就活生のマナー常識例

項目	マナー常識例
髪色・髪型	黒髪（地毛） パーマ不可 前髪は眉にかからない長さ
服装	スーツ（黒・紺） シャツは白、革靴は黒 ネクタイは派手でないもの
聞く態度	前から座る 目を見てうなずきながら聞く 飲食はしない 全力でメモをとる

（3）内定のお礼と報告、辞退のマナー

　内定（内々定）の提示があったら、まずお礼と報告をする。内定先の採用担当者、紹介者、ゼミ担当教員、キャリアセンター（就職課）など学生生活や就活でお世話になった人には必ず報告する。

　また、内定先から「内定承諾書」や「入社誓約書」などの提出を求められる場合があるので、できるだけ速やかに提出しよう。

　一方、複数内定をもらった場合など、内定を辞退する場面が出てくることが考えられる。内定の辞退は企業のその後の採用計画に影響を及ぼすことを念頭に置き、誠意をもって速やかに行動しよう。

　入社を迷っている場合は、「内定承諾書」や「入社誓約書」を出す前に、キャリアセンターへ相談しよう。企業に書類提出の延期を依頼するなど、方法はあるので迷った際は、キャリアセンターに相談するとよい。

　なお、「内定承諾書」や「入社誓約書」に法的な拘束力はないので、提出後も内定辞退は可能である。辞退の意思が固まったら速やかに企業へ内定辞退を申し出ることが大切である。

３．挨拶のマナー

（１）挨拶の言葉

　人に会ったら必ず挨拶するのがビジネスの基本マナーである。次の４つのことを守るのが、感じの良い挨拶の基本である。

①　明るい元気な声で、ハッキリと挨拶する。

②　いつでも、誰にでも挨拶する。

③　相手に先手を打たれる前に、こちらから先に挨拶する。

④　挨拶に一言付け加える。特に挨拶の前後に相手の名前を組み込むのが効果的である。

　　例：「○○さん。おはようございます」

　　　　「おはようございます。お元気そうですね」

［良くない例］

①　暗い、小さな声でモゴモゴと言う。語尾が聞こえにくい。

②　訪問先の目的の人にだけ挨拶して、他の人にはしない。

③　目上の人、お客様に対して「ご苦労様」のようなねぎらいの言葉をかける。

④　何かをしながら声だけで挨拶する。

（２）挨拶の態度

①　相手より先に頭を下げる。

②　相手の目をしっかり見て、笑顔をつくる。

③　背中を丸めず、背筋を伸ばして、人差し指が膝ぐらいまでくる程度に頭を下げる。

④　誠実さと、感謝の気持ちを込めて頭を下げる（軽々しくペコペコと何度も下げない）。

（3）挨拶の基本的な言葉遣い

　挨拶をするということは基本的なことであるが、その際の言葉遣いにも気を配りたい。かけた言葉のちょっとした違いによって、「丁寧な人だな」と評価が上がることや、「言葉遣いが乱暴な人」と悪いイメージがついてしまうことがある。

　挨拶の際にかける言葉は、相手への"気遣いの想い"である。安心感や信頼感を与える言葉遣いをすることを心がけよう。

　まずは、同じ職場などで働くメンバーに対して、あるいは得意先・派遣先など外部の人に対して次のような挨拶の徹底が求められる。

〈表8－3〉挨拶の基本的な言葉遣い

場　　面	挨拶の言葉（例）
通常の挨拶として	いつもお世話になっております。
朝・昼・夕方	おはようございます。こんにちは。こんばんは。
来客	いらっしゃいませ（約束の場合は「○○様、お待ちしておりました」）。
お礼	ありがとうございます。
恐縮	恐れ入ります。
依頼	お願いいたします。
承諾	承りました。かしこまりました。承知いたしました。
お詫び	申し訳ございません。
待たせるとき	恐れ入りますが少々お待ちください（ませ)。
辞去	ありがとうございました、失礼いたします。
案内	ただいまご案内いたします。
出かける人に	行ってらっしゃい（ませ)。
帰った人に	お帰りなさい。お疲れ様です。
出かけるとき	行ってまいります。
帰ったとき	ただいま戻りました。
職場で帰るとき	お先に失礼します。

注：語尾まではっきりと発音する。また、むやみに「ま〜す」、「ます〜」などと言葉を引
　　き延ばさないようにする。

　挨拶の基本的な言葉遣いは以上のとおりである。状況に応じて伝わりやすい
声で挨拶することで、周囲に良い影響を与える。仕事全体に良い効果をもたら
すためにも率先して相手への"気遣いの想い"を示すことを心がけよう。

4．報告・連絡・相談のポイント

（1）報告・連絡・相談とは

　報・連・相（ほうれんそう）がビジネスの基本であると、よく言われる。こ
れは、自分が持つ情報を開示して、社内または社外の人と情報を共有し、共に
対処できるようにすることを言い、ビジネスのルールであると同時に、人間関
係のマナーでもある。

① 報告＝主として過去の事項（結果など）をできるだけ早い時点で知らせること

② 連絡＝主として現在何をしているか、どうなっているかを知らせること

③ 相談＝主として問題点についてこれからどうすべきかを計り、アドバイスや指示をもらうこと

（2）報告・連絡・相談のしかた

① できるだけ早くする

(ア) タイミングを失すると意味がない場合が多いので、タイムリーな報告・連絡・相談を心がける。上司や取引先、顧客に催促される前にするのがマナーである。

(イ) 悪い情報・問題（仕事のミス、苦情、予期しない状況変化など）ほど、早く報告・連絡・相談する。

(ウ) 自分のミスなど都合の悪いことを隠さないで、報告・連絡・相談する。

(エ) 小さな事でも関係者にとっては役立つ情報もある。独りで勝手に判断しないで報告・連絡・相談する。

② 結論を先に言う

(ア) まわりくどく言わずに、まず、何についての、どんな報告・連絡・相談であるかを先に簡潔に伝える（例：○○さんから注文を頂きました。○○さんから、手続きが遅いという苦情をいただきました。など）。

(イ) 「結論」→「その理由」→「そうなるまでの経緯」の順で説明すると、聞き手は理解しやすくなる。

③ 事実を正確に説明する

(ア) 説明は事実を正確に伝えることが大切である。この場合も、「5W1H」のポイント（第1章2. 参照）をおさえて説明するようにする。

(イ) 自分の感想・意見と事実を混同して話さないように気を付ける。

④ 最後に自分の意見を添える

(ア) 当事者である自分にしか分からない感触や考え方もある。事実を事実として説明した後で、当事者としての自分の感想や意見を付け加える。

㈡　その事柄の裏にある事情、相手の本音、疑問点、自分として考えられる
　　幾つかの対処法などを、「これは私の考えですが」と断った上で説明する。

（3）相談するときのマナー

　報告・連絡・相談のうち、特に「相談」については次のようなマナーを守る
必要がある。

①　相談の件名と所要時間の見込みを告げ、相手の都合を聞いてからにす
　　る。

②　あらかじめ相談する内容を自分で整理して、ポイントをきちんと分かり
　　やすく話せるようにしておく。

③　自分としてはどう考えるかを、まとめておき、できれば2つ以上の案を
　　説明できるようにしておく。

④　相手には結論よりもまず「ヒント」または「アドバイス」を求める姿勢
　　が大切である。

⑤　ヒントやアドバイスをもとに、自分としてはどう対処するかを大体決め
　　て、相談相手に伝える。

⑥　相談したことの結果は、できるだけ早く相談相手に報告する。

　　　　学生の就活（就職活動）　Q & A

1．これからの就活をどのように進めるか？

（1）採用選考方法とスケジュールはどうか？

　①プレエントリー（Web）→②エントリーシート※、履歴書の作成・提出、会社説明会→③Webテストなどの試験→④面接※※（個人・グループ討議）→⑤面接（人事）→⑥面接（役員等）→⑦内々定→⑧内定

> ※エントリーシートはWeb上で入力フォームに従って必要事項を入力するWebエントリーシートなどもある。また、会社によってスケジュールの内容が異なることもあるので各自で情報を収集し、確認する。
> ※※近年は遠隔の求職者とPCやスマホを使って、Web上で面接（動画面接）を行う企業が増えている。特に、1次面接やインターンシップなどで利用されている。

（2）就活を進める上で注意すべきことは何か？

　①まず、業界・企業研究、志望先を決める。業界・企業研究を行うことで、企業選択の範囲が広がり、また各企業への関心度が高まる。また、自分自身の就職活動の範囲を、特定していくことができる。

　②エントリーシートは就活の最初の関門・・・「企業が何を求めているのか？」を常に念頭において作成する。

　③筆記試験対策としてSPI対策を徹底する。SPI（Synthetic Personality Inventory: 総合適性検査）は、「能力適性検査」（言語能力と非言語能力）と「性格適性検査」（内向的か外交的か、消極的か積極的かなど）の2つを合わせたマークシート形式の筆記試験で、事前にSPI独特の問題形式を知って慣れておくことが、最大の備えとなる。7〜8割の正解率が求められているので集中力が勝負である。また、近年はWebテストを実施する企業も増えているため、マイナビやリクナビなどでの無料サービスを利用して、慣れておくことも重要である。例えば、住宅メーカーなど企業によっては、玉手箱というWebテスト（日本エス・エイチ・エル（SHL社）のWebテスト）が実施されるので、その場合には、玉手箱の対策を行う方が効率がよい。

　④エントリーシートに掲載する学生時代「頑張ったこと」や「自己PR」の

ための素材を事前に準備しておく。

　「学生時代（あるいは学業で）、もっとも力を入れて取り組んだことは何ですか？」という質問に対してしっかりした回答ができるように準備をする。

　例えば、ゼミ活動（論文、討論会など）、部活、ボランティア、アルバイトなどが一般的に挙げられるが、単に概要を述べただけでは評価されない。ボランティアやアルバイトなどは、具体的な数値目標を挙げて、目標達成にどのようなプロセスを踏んで実施したかなどを明記する（リスクマネジメントの基本である PDCA（Plan・Do・Check・Act：計画・実行・検証・改善）をしっかり回しながら実行したことを明示するとよい）。

⑤資格は、履歴書の「資格」欄に記入すればよい。難関な資格を取得すれば、本人の自信につながるというメリットはあるが、資格取得がそのまま内定の決め手になることではない。内定先の企業が推奨する資格を取得することが大切なので、何よりもまず、内定をもらえるように頑張る。

（参考）アルバイトで頑張ったことの例（金融機関等に内定した学生の例）
「K スポーツクラブでの水泳指導のアルバイト」

◆事実
・お客さまから直々にご指名を頂き、マンツーマンで水泳を指導する有料レッスン（30 分 2,500 円）の売り上げが店舗内で 6 ヵ月間トップであった。
◆アピールポイント
・週 5 〜 6 回出勤のスタッフが多い中、自分は週 3 回出勤という限られた条件の中で他のスタッフとの差別化を図り、自分の価値を高めた。
◆結果（6 ヵ月間売り上げトップに至るまでの経緯）
・お客さま一人ひとりに対する気遣いを徹底した。
（例）　髪型や体調の変化にいち早く気付き、声をかける。
　　　　お客さまから個人的なお話しをされた内容は正確かつ確実に覚えておく。
・伝わりやすい泳法指導を行い、問題点、改善点を明確に伝える。

２．面接試験でよく聞かれる質問とは何か？

（１）自己PR

①趣味や特技を教えてください。

②長所と短所を教えてください。

③ほかの人よりすぐれているところはどこですか？

④自己PRを1分以内でお願いします。

⑤まわりの人からなんと言われていますか？

（２）学生時代

①サークル、クラブ活動について話してください。

②専攻・研究テーマ（ゼミナール）について教えてください。

③アルバイト体験について話してください。

④学生時代にもっとも力を入れたことは何ですか？

⑤もっとも挫折したことは何ですか？

（３）志望動機

①志望動機をお願いします。

②なぜこの業界を志望したのですか？

③当社を選んだ理由を述べてください。

④他社の選考状況を教えてください。

⑤同業他社と当社の違いはどんなところだと思いますか？

（４）キャリアビジョン

①入社後に配属されたい部署はどこですか？

②入社したら何をしたいですか？

③10年後は何をやっていたいですか？

④当社で何を成し遂げたいですか？

④どんな社会人になりたいですか？

（５）人生観

①最近、もっとも感銘を受けた本は何ですか？

②結婚（恋愛）について考えを聞かせてください。

③ボランティア活動についてどう考えますか？

④どんなテレビ番組を見ていますか？

⑤好きな言葉・座右銘（モットー）は何ですか？

３．面接試験で心がけるポイントは何か？

①姿勢よく、自然な笑顔を心がける。

　まず、基本は姿勢である。猫背や、こわばった表情は面接では良い印象を与えない。また、笑顔で受け答えをすることが大事である。ただし、面接という緊張の場で、笑顔を作るのは簡単ではない。けれども、笑顔で接しようと努力している様子だけでもプラス評価である。

②相手にしっかり視線を向ける。

　伏せ目がちな人は、自信がなさそうに映ってしまう。同じことを話すのでも、面接官の目やひたいを見てゆっくり話すのと、足元を見ながらぼそぼそと話すのでは迫力が全く違う。

③質問はよく聞き、「結論→理由」で答える。

　質問に対して、「結論→理由」で答えることで、自分の言いたいことが相手にはっきりと伝えられる。返答がぼやけることがない。「理由→結論」だと、質問主旨からずれやすくなり、話しているうちに、自分で自分が何を言いたいのか分からなくなってきたりする。

④声は大きく、ゆっくり話すよう心がける。

　面接では意識的にゆっくり話すことが大切である。人は緊張すると早口になる傾向があり、早口になると面接官が聞きづらいだけでなく、焦っているように見えてしまう。

　面接では落ち着いていることが高い評価つながる。早口になっている自分に気づいたら、一度呼吸を整えて、それから話し始めよう。声はハキハキ大きく、ゆっくり話すよう心がけることである。

⑤相手の質問をかみ締めてから答える。

　焦っていると、相手の質問も終わらないうちに話し始めてしまうことがある。これでは、余裕がないように見えて、折角の能力が過小評価されてしまう。相手の話や質問が終わるまでじっくり待とう。相手の質問の意図や意味を

しっかりと自分の中で確認してから話し始めよう。もし、相手の質問の意図が分からなければ「○○ということでお答えすればよろしいでしょうか？」と確認をとることが大切である。

4．面接試験でよく聞かれる質問に対して心がけるポイントは何か？

（1）志望動機

①なぜその業界か、②その業界の中でなぜその会社なのか、③なぜその職種を志望したのかなど、納得できる説明を行う。

（2）長所・短所

①自分が志望している業界、会社、職種で活用できると思う長所を示す。

②自分の長所が長所たることを説明する具体的なエピソードを交えて説明するとより説得力が増す。

③社会人として致命的な短所（遅刻癖、約束破棄、人間嫌いなど）は絶対に言わない。

④短所を答える際は、それに対してどう克服・対応したかを必ず添える。

⑤短所は、裏を返せば長所となることを答える方法もある。例えば、短所として「気をつけるあまり何をするにも時間がかかってしまうところ」を挙げると、手際が悪いと見られることもあるが、慎重さがあるという長所でもあると判断される可能性もある。ただし、長所の裏返しを短所にすることは、非常にありがちな手法で使い古されていることと、長所の裏返しを短所にした場合、その短所をどう克服しようとしているか答えづらくなることもあるので注意が必要である。

（3）学生時代にもっとも力を入れたこと（学生時代に頑張ってきたこと）

①「力を入れた」または「頑張った」エピソードを具体的に話す。例えば、そのエピソードはいつの話なのか、関わった人間は何人で、その人たちとはどういう関係なのか。かかったお金はいくらなのか、それで自分は何を得たのか（失ったのか）などである。

②何かを乗り越えた話を盛り込む。面接官は、困難にぶつかったとき、どう乗り越えてきたのかというような話を望んでいるところがある。実際に多くの

企業のエントリーシートの中に「困難を乗り越えた経験はありますか？」といった類の質問がある。この質問を通して、面接官は原因に対する分析力や問題を解決する行動力などを見る。面接でこの話を披露するときは、問題に対して、自分がどういうプロセスを経て解決していったかを順を追って丁寧に説明する。つまり、PDCA（Plan-Do-Check-Act）サイクルを回しながら解決に向けたことを意識して説明するとよい。

5．集団面接（グループ面接）の特徴とは？

学生1名に対して面接官1名以上で行う個別面接に対して、集団面接は複数の学生が同時に受ける面接である。面接官の人数は1名の場合もあれば、複数人で行う場合もある。グループになった就活生には同じ質問が投げかけられ、それに対して各々回答していく。自分以外の他の就活生の受け答えを目の当たりにした中で、自分のターンになったら受け答えを行っていく。

多くの企業では選考の始めにまず集団面接を行い、選考が進んで行くにつれて個人面接になっていくというケースが多い。

6．集団面接（グループ面接）で心がけるポイントは何か？

①自分の持ち時間は短いので質問には簡潔、的確かつ具体的に答える。

②周りの学生の発言や態度に影響されずに「自分らしさ」をアピールする。

③ほかの学生の発言と同じ内容でも、自分自身の言葉やエピソードで表現する。

④ほかの学生の意見をしっかり聞く。

⑤誇張されたエピソードなど目立った発言をしようとせず、自分なりの思いや気持ちを述べる。

7．逆質問に対して心がけるポイントは何か？

逆質問とは面接官に就活生から質問することである。面接の終盤に「何か聞きたいことはありませんか？」などと聞かれることがある。これが逆質問である。そのときは「特にありません」ではなく、積極的に質問して志望が高いこ

とをアピールしよう。

　そのためには、事前にどんなことを質問するかしっかり考え、複数の項目を準備しておく。良い質問ができればプラス評価になるが、程度の低い質問をするとマイナス評価になる可能性があるので注意が必要である。特に、会社説明会、公式サイト、パンフレットなどで明言されていることを聞くのは絶対に避ける。また、例えば、給与面や残業、福利厚生などに関しての質問は避けた方が無難である。

8.「最後に、何か言いたいことがあればどうぞ」に対して心がけるポイントは何か？

　面接中に説明不足で面接官に伝わっていない、誤解されていそうな部分などがあればその補足をしても良い。また、面接で伝えるチャンスの無かった強みを伝えても良い。ただし、自己PRほど長い時間ではなく、10 〜 20 秒程度にまとめたほうが好ましい。

　「特にありません」や「大丈夫です」のみでも悪くはないが、当然プラス評価にはならない。ない場合も理由を添える。

9．就活の成功のポイントは何か？

①早めの着手による充分な準備・練習をする。

　夏休みなどを利用して翌年度就活の事前準備を行う。

②正しい情報を積極的に入手する。

　大学内キャリアセンターをはじめ、志望先の企業などのホームページで正確な情報を収集するように努めることが大切である。

③多くの人に対して情報発信する。

　自分を理解してもらうためには、企業の採用担当者、家族、教員、職員、友人など多くの人に対して情報発信することが必要である。

④常にプラス思考で積極的に行動する。

　人の噂や行動に振り回されずに、自分の方針を信じて焦らずに活動することが重要である。また、疑問に思ったことがあれば、直接自分で確かめることが

必要である。

⑤社会の動向に関心を持つ。

　政治・経済・社会は日々変動している。新聞・テレビなどのニュース報道で社会の動向に関心を持つことが必要である。特に、面接試験ではその日の新聞（特に、日本経済新聞）記事が話題とされる場合も多い。

⑥いくつかの企業の選考に失敗しても、あきらめず粘り強く頑張る。

　最近は「会社説明会」のインターネットによる申込みは、案内開始直後に満席となることが多いが、この場合の究極の対策としては会社説明会当日キャンセルが大体１割くらい出ることが多いので、前日の夜中にインターネットで確認して申し込むか、当日直接会場に行って申し込むことである。もし、会場で採用担当者に「満席です」と断られたら、簡単に引き下がらないで「是非御社に入社したいので説明会に出席させて欲しい」旨強くアピールすることが大切である。座席のいくつかは空けてあるのが通常である。

　そのくらい熱心でなければ、採用したくないのが採用担当者の本音であろう。これが、面接を進めて内定に近づくコツである。

　反対に、就活に失敗する学生のタイプとは、以下のとおりである。

（タイプＡ）独りで行動する（頑固、偏屈、他人の意見を聞かない）。

（タイプＢ）自分に意志がない（周囲の動きに合わせて動く。他人の意見に振り回される）。

（タイプＣ）止まって動かない（何がしたいか分からず止まっている。行動が遅い）。

10. まとめ

　就職活動を行い、第一志望に内定した学生は、全般的に対人志向と勉学志向の両面が高い。つまり、大学できちんと勉強した学生は企業に選抜されやすい。大学で勉強することは自分一人でも可能であるが、授業に出て勉学に打ち込めば、同じく勉学に打ち込む学生と友達になる可能性も高くなる。

　学生にとって、勉強に打ち込み、友達をつくる以上に簡単ことはない。特にゼミナールに積極的に参加し、行動する学生は就職も早く内定し、就職後も活

躍する場合が多い。自ら積極的に学ぶ姿勢が大切である。

　例えば、コミュニケーション能力やバイタリティなどはしっかりした基礎学力の裏付けがあって初めて身に付くものであるから、日々の学業に真剣に取り組むことが重要である。そのことによって養われる問題解決能力は様々な資格以上に社会で役立つ。

　また、社会に出て仕事をしていく際には、情報収集能力や組織運営能力が必要である。前者は新聞（特に、日本経済新聞）などを読むことがスタートである。後者は、部活、サークル、ボランティア活動などに積極的に取り組むことで養われる能力である。

　最後に、大切なことは「就職してから活躍する」ことである。「どうすれば内定がもらえるか」という視点で就職活動をしている人は苦戦するが、「就職してから自分はどのように活躍するか」を考えている人には結果が出る。最終的に縁のあったところに就職し、一生懸命頑張り活躍すればよい。

《参考文献》(注記で引用したものを除く)

1） 釼地邦秀『大学1・2年から始めるキャリアデザイン―就活のポイントと手順がわかる本―』(日本経済新聞出版、2010年)。
2） 古森重隆『君は、どう生きるのか』(三笠書房、2014年)。
3） 高田晃一『大逆転の就活攻略法』(同文舘出版、2013年)。
4） 竹中紳一『就活先生―内定を勝ち取るための31のステップ』(新潮社、2013年)。
5） 田中敏之『実践マナー講座』(経営書院、2006年)。
6） 早川修『大学生諸君！－今求められる問題解決力』(流通経済大学出版会、2007年)。
7） 平尾ゆかり『自分の人生は自分で決める』(日経人材情報、2003年)。
8） プレジデント社編「(特集) いる社員、いらない社員」『PRESIDENT』(2014年2月17日号)。
9） プレジデント社編「(特集) 一流のマナー超入門」『PRESIDENT』(2014年5月5日号)。
10） プレジデント社編『仕事ができる人の報連相 (得) 講座』(プレジデント社、2014年)。
11） 松尾直彦『人生のリスク管理』(金融財政事情研究会、2014年)。
12） 吉川筆子 = 杉浦淳吉 = 西田公昭編『大学生のリスク・マネジメント』(ナカニシヤ出版、2013年)。
13） McGonigal, K. *The Willpower Instinct-Based on a Wildly Popular Course at Stanford University-*, Avery, a member of Penguin Group (USA) Inc.2012 (神崎朗子訳『スタンフォードの自分を変える教室』) (大和書房、2013年)。

事 項 索 引

事項索引

〈著者紹介〉

赤堀勝彦（あかぼり　かつひこ）

〈略　歴〉

1964 年 3 月	早稲田大学商学部卒業
1964 年 4 月	日本火災海上保険株式会社（現、損害保険ジャパン日本興亜株式会社）入社 ニューヨーク駐在員事務所長、能力開発部主管等を経て
2002 年 4 月	長崎県立大学経済学部、大学院経済学研究科教授（〜 2007 年 3 月）
2007 年 4 月	長崎県立大学名誉教授
2007 年 4 月	神戸学院大学法学部、大学院法学研究科教授（〜 2012 年 3 月）
2012 年 4 月〜現在	神戸学院大学法学部、大学院法学研究科非常勤講師 日本リスクマネジメント学会理事 ソーシャル・リスクマネジメント学会理事 博士（法学）、CFP® 認定者、1 級ＦＰ技能士、産業カウンセラー

〈主要共編著書〉

『損害保険の基礎』（経済法令研究会、1995 年）

『生命保険の基礎』（共著）（経済法令研究会、1996 年）

『リスクマネジメントと保険の基礎』（経済法令研究会、2003 年）

『最近のリスクマネジメントと保険の展開』（ゆるり書房、2005 年）

『企業リスクマネジメントの理論と実践』（三光、2008 年）

『企業の法的リスクマネジメント』（法律文化社、2010 年）（日本リスクマネジメント学会賞受賞）

『カウンセリング入門―職場における心のリスクマネジメント―』（三光、2010 年）

『インストラクションスキル―眠くさせない講義・講演のすすめ方』（保険毎日新聞社、2011 年）

『実践 リスクマネジメント』（三光、2012 年）

『ライフキャリア・デザイン―自分らしい人生を送るためのリスクマネジメント―』【改訂版】（三光、2012 年）

『保険のしくみが分かる本』（金融ブックス、2014 年）

『ベーシック リスクと保険用語辞典』（金融ブックス、2015 年）

『リスクマネジメント入門―いま、リスクの時代を生き抜くために―』（保険教育システム研究所、2017 年）

『実践 企業リスクマネジメント―最適な保険設計のために―』（編著）（保険教育システム研究所、2018 年）

『ＦＰ基礎―ファイナンシャル・プランニング』【五訂版】（保険毎日新聞社、2018 年）

『危機管理政策入門―危機に対してどのように立ち向かうか―』（編著）（保険教育システム研究所、2018 年）

『超低金利時代のマネー＆ライフプラン〜パーソナルファイナンスのす〉め』【改訂版】（保険毎日新聞社、2019 年）

『大学生・社会人のためのプレゼンテーション入門』【改訂版】（保険毎日新聞社、2019 年）　他

就活生・新社会人のためのキャリアデザイン入門
〜理論と実践〜

著　　　者	赤 堀 勝 彦
発 行 日	2019 年 9 月 20 日

発 行 所	株式会社保険毎日新聞社 〒101-0032　東京都千代田区岩本町1-4-7 TEL 03-3865-1401／FAX 03-3865-1431 URL http://www.homai.co.jp/
発 行 人	森 川 正 晴
カバーデザイン	塚 原 善 亮
印刷・製本	モリモト印刷株式会社

©2019　Katsuhiko Akabori　　Printed in Japan
ISBN978 - 4 - 89293 - 425 - 4

本書の内容を無断で転記、転載することを禁じます。
乱丁・落丁本はお取り替えいたします。